Der Autor lebt und arbeitet in Westfalen. Das Pseudonym ist seinem unsterblichen Vorfahren Guillaume de Lamboy gewidmet.

llen gewidmet, die wirklich versuchen, menschliches Leid zu lindern.

Sämtliche vorkommenden Personen sind der Fantasie des Autors entsprungen und können unmöglich real sein.

Jede Ähnlichkeit mit tatsächlich lebenden Personen ist ein seltsamer Zufall.

„Wahr sind nur die Erinnerungen, die wir mit uns tragen, die Träume, die wir spinnen und die Sehnsüchte, die uns treiben, damit wollen wir uns bescheiden…“

Zitat aus dem Film „Die Feuerzangenbowle“ (1944)

Dritte Innenseite (dies ist eine rechte Seite)

Dies ist die Seite für die folgenden Informationen:

Jean-Luc Lamboy

Störerzimmer

Roman

Autor: Jean-Luc Lamboy

Verlag: tredition GmbH, Hamburg

ISBN:

978-3-347-15917-4 (Paperback)
978-3-347-15918-1 (Hardcover)
978-3-347-15919-8 (e-Book)

Printed in Germany

Bibliografische Information der Deutschen Nationalbibliothek:

Die Deutsche Nationalbibliothek verzeichnet diese Publikation in der Deutschen Nationalbibliografie;

detaillierte bibliografische Daten sind im Internet über http://dnb.d-nb.de abrufbar.

Dramatis Personae

Ich Jean-Luc Lamboy

Die Martiner

Heinrich Meyer zum Hofe - Geschäftsführer

Thomas Knüllenbrink - Abteilungsleiter

Patrik - Einrichtungsleiter Sozialarbeiter

Paul - leitender Sanitätsoffizier Princeton

Mechthild - Sozialarbeiterin Frauenhauses

Isabella - Sozialarbeiterin Frauenhaus

Konstantin – Sozialarbeiter

Georg – Betreuer, zeitweise stellvertretender Einrichtungsleiter

Die Leviten

Bernhard Bulgendorf - Geschäftsführer

Florian Setzer - Einrichtungsleiter

Sven - Arzt/Sanitäter

Marc - Einrichtungsleiter

Die goldene Sonne

Manuela - Sanitäterin

Monika – Sozialarbeiterin

Die Rhodosier

Hans - Einrichtungsleiter

Sicherheitsdienst

Mathias - Wachleiter

Giuseppe - Wachmann

Sonstige

Uta Steinbrink Heidenau - ehrenamtliche Society Lady

Mischmüller – IT-Unternehmer

Robby - Finanzbeamter

1. Teil

ythos

Die Jacke

„Dem platzt gleich die Jacke“, dachte ich, als ich den 2-Meter-Mann auf dem Hof gestikulieren sah. Er stand in einer Gruppe von anderen Studenten, hatte aber als Einziger eine Dienstjacke an, die an den breiten Schultern mächtig spannte. Bei jeder ausholenden Bewegung seiner Arme dehnte sich der braune Stoff bis an die Zerreiß-grenze. „Die Lage hatten wir schnell im Griff“, seine Stimme war raumgreifend wie seine Bewegungen. „Die Krise hat uns erreicht! Wurde auch Zeit!“

Ich trat zu der Gruppe hinzu - ein paar der Studenten waren zuvor in meinem Kurs gewesen. „Habe ich was verpasst?“, fragte ich einen von ihnen. Die Jacke stand halb neben mir und drehte sich nun zu mir um. Sein Gesicht war gerötet, die blassblauen Augen waren deutlich hervorgetreten. „Gestern Morgen kam der Einsatzbefehl, EE-2 und drei sollten einen BTB P-500 in der Albert-Schweitzer-Schule bilden. Ausgerückt, aufgebaut und seit heute Morgen läuft das Ding“, vermerkte er mit knarzender Stimme. „Ich konnte noch eben duschen und dann gleich wieder ab zur Ausbildung.“

Ich verstand bis auf Albert Schweitzer kein Wort, war aber auch von der vorne ebenfalls unter starker Spannung stehenden Jacke ein wenig abgelenkt. Auf keinen Fall wollte ich in

Schussrichtung stehen, falls sich einer der großen silbernen Knöpfe lösen und wie ein Projektil durch die Gegend schießen sollte. Einer meiner Studenten, ein schlaksiger Junge, mit dem ich grade das Legen eines venösen Zugangs an einem übel zugerichteten Trainingsarm geübt hatte, schnippte seine Zigarette lässig in den Sandeimer neben sich. „Machen wir weiter“, wandte er sich an mich, halb Frage, halb Aufforderung. Die Jacke guckte ihn verdrießlich an. Offensichtlich hatte er gehofft, sein Publikum noch eine Weile unterhalten zu können. „Meinetwegen“, sagte ich, „packen wir's!“ „Oh, Sie unterrichten hier? Sie können sich gerne mal alles in der Schule anschauen. Kommen Sie vorbei und sagen Sie der Wache, dass Sie mit mir gesprochen haben.“

Ich guckte vorsichtig auf sein goldmetallenes Namensschild, welches über seiner rechten Brusttasche angebracht war. Ein Geruch von schwerem Rasierwasser und Testosteron ging von ihm aus. Das Symbol der Martiner, ein schwarzes Balkenkreuz mit einem roten Herzen in der Mitte, war dort in aufwendiger Emailarbeit angebracht. Daneben war „Knüllenbrink“ in schwarzer Schrift zu lesen. Ich brachte mich schnell aus der Gefahrenzone in Sicherheit. „Danke Herr Knüllenbrink, ich muss leider wieder…“ Meine Studenten trotteten hinter dem Schlacks her. „Wie heißen Sie?“, rief mir Knüllenbrink hinterher.

Ich hatte ebenso wie meine Studenten einen verwaschenen hellblauen Kasack, der schon bessere Tage gesehen hatte an, und war zudem mit Kunstblut, Kreide und Filzschreiber eingesaut. Ein Namensschild hatte ich nicht mehr. Wahrscheinlich wurde es vor langer Zeit bei 90 Grad in einer Industriewaschmaschine zerkocht. Mein Dienstausweis hing an meiner

Zivilhose im Spind (hoffte ich). „Lamboy", sagte ich über die Schulter.

Als ich die Treppe in den Lehrsaal hochging, war die Sonne durch die niedrig hängenden Wolken gebrochen. Von oben konnte ich seine streng nach hinten gekämmt und reichlich gegelte blonden Haare über den mächtigen Schultern glänzen sehen. Mit weit ausholenden Gesten breitete er vor einem neuen Publikum seine geheimnisvolle Geschichte erneut aus. Offenbar schien seine Aufgabe heute hier in der Akademie im Abhalten von Hofseminaren zu bestehen. „Gleich platzt die Jacke", murmelte ich halblaut vor mich hin.

Die Krise

Eine Krise ist nach allgemeiner Definition der Höhepunkt einer gefährlichen Entwicklung. Hier war nichts gefährlich und Höhepunkte sind dem Westfalen wesensfremd.

Der Frühling verleitete die Menschen zu Außenaktivitäten wie jedes Jahr. Wohlgenährte und weniger pummelige Jogger und Nordic Walker hatten sich in ihr neuestes Trainingsoutfit gezwängt. Das Motto der Sportmodeindustrie in diesem Jahr schien wohl „Farben zum blind werden“ zu lauten. Quietschorangene Streifen, gelbe Leuchtfarbe und blau-weiße Karomuster schrien die in stiller Ohnmacht aufblühenden Tulpen und Krokusse am Wegesrand an. Dazwischen drängelten sich die normalen Spaziergänger, die – wie in Deutschland üblich - Sachen trugen, die zu allem und zu nichts passten.

Eigentlich war ich kein überzeugter Spaziergänger, schon gar nicht in diesem abendlichen Gedränge am See, aber mein Kollege war es, der mich dazu gedrängt hatte, wie er sagte: „Eine Runde zu gehen.“ Was er wirklich meinte, war, eine Schachtel Camel zu rauchen. Sein Verbrauch lag bei zwei Stück pro Kilometer. Wenn er Auto fuhr, eher mehr.

„Dein Kurs bei der Bundeswehr geht ja nun in die letzte Runde...“

Seine Stimme hatte trotz der Qualmerei einen tiefen Bariton behalten. Jedes Wort klang bedeutsam, was es ihm einfacher machte, bei den Studenten auch dünne Bretter dick zu bohren. Er unterrichtete seit 20 Jahren an der Akademie und hatte sich daher eine feste Position ersessen. Da er niemals krank war und kein Privatleben hatte, konnte man auf seine Mitarbeit nicht verzichten. Abgesehen von diesen Steherqualitäten erfreute sich sein seichter Unterrichtsstil allgemeiner Beliebtheit. Abends schmiss er - obwohl er selbst abstinent lebte - die Hausbar in der Akademie. Studenten und Studentinnen mussten oft wochenlang in der Akademie übernachten. Ein Dozent, der sie abends unter seine Fittiche nahm, gab Geborgenheit und Sicherheit, insbesondere kurz vor dem Examen.

Es kam niemals zu einem Skandal, zumal eventuelle Verfehlungen seinerseits nicht heterosexueller Natur gewesen wären.

„Ich habe gehört, dass die Bundeswehr im nächsten Jahr nur noch an ihren eigenen Standorten ausbilden lässt, das bedeutet viel Fahrerei", fuhr er fort. „Könntest du dir vorstellen, einen festen Kurs am nächstgelegenen Standort zu übernehmen?"

Ich war nie ein begeisterter Autofahrer und ein sonderlich guter auch nicht. Die Aussicht, jeden Morgen 60 Kilometer über neblige Landstraßen zu einer Kaserne im Nirgendwo der westfälischen Pampa zu fahren, gefiel mir nicht besonders. Zumal die Bundeswehr ein exaktes Ausbildungsschema verlangte. Sobald ich mal etwas über den Tellerrand bei denen schaute, um ein Thema umfassender zu erklären, weinten sich die Soldaten abends bei ihrem Spieß aus. Der meldete das dann seinem Hauptmann, der wiederum dem Akademieleiter und der ließ dann mich antanzen. Wenn ich dann wieder in den Lehrsaal kam, taten alle so, als ob nichts gewesen wäre.

Zu keinem Zeitalter in der Weltgeschichte war für den Soldatenberuf ein kritischer Intellekt oder unkonventionelles Denken Einstellungsvoraussetzung. Man darf getrost davon ausgehen, dass die meisten Soldaten keinen Kulturschock erleiden würden, wenn sie in Cäsars Legionen, Wallensteins

Feldlager oder an den Ufern des Potomac Rivers im amerikanischen Bürgerkrieg aufwachen würden. Sicher, die Bequemlichkeit wäre dahin, aber die Denkmuster vertraut und in kürzester Zeit würden sie sich wieder bei ihrem Zenturio, Wachtmeister oder Sergeanten ausweinen, wenn sie jemand zu intellektueller Arbeit zwingt.

„Was ist denn mit den festen Kursen an der Akademie?", fragte ich mit wenig Hoffnung. „Wir strukturieren um; es wird personelle Veränderungen geben. Am Standort hier werden durch das neue Gesetz weniger Kurse für Teilnehmer aus dem allgemeinen ehrenamtlichen Bereich stattfinden. Der neue Beruf des Notfallsanitäters steht ganz oben auf der Prioritätenliste. Das können in Zukunft nur noch Vollzeitkräfte machen. Dadurch braucht man weniger Basiskurse. Außerdem haben wir die Entwicklung der letzten Jahre fest verschlafen und ab sofort werden nur noch ich und meine Lieblinge fest am Hauptstandort eingesetzt." Okay, den letzten Satz hatte er nicht gesagt, aber das war gemeint. Einige dynamische, junge, sportliche Männer mit erstaunlich ähnlichen körperlichen Merkmalen hatten sich in den letzten Jahren in alle möglichen Positionen der Akademie festgesetzt. Wie es hieß, alle auf seine ganz besondere Empfehlung. - Ich war alt und dick.

„Wir werden das nochmal bereden." In Gedanken über die Zukunft vertieft, beobachtete ich einen jungen Mann mit Joggingkleidung und Kopfhörern, der uns Entgegen kam. Vor sich her schob er ein hochbeiniges dreirädriges Gefährt, welches abenteuerlich bei jedem Schritt auf- und ab wippte. Da ich kein kotzendes Kleinkind sah, das sich seekrank über den Rand beugte, vermutete ich, dass der Jogger nur ein Paar Ziegelsteine spazieren schob und das Ganze als Wellenbrecher benutzte.

Ich fuhr mit dem Fahrrad nach Hause. Dort fragte meine Frau, wie mein Tag gewesen war.

„Sieht so aus, als wenn die Krise bei uns angekommen ist", murmelte ich verdrossen.

Über den Bildschirm des Fernsehers im Hintergrund sah man Elendskolonnen über das Balkangebirge ziehen.

Lambaréné

Der Arzt, Theologe und Musiker Albert Schweitzer war vor allem in den 50er Jahren durch sein Engagement für Frieden und Humanität bekannt. Sein - nicht ganz unumstrittenes - bekanntestes Projekt war das Urwaldhospital Lambaréné, welches er von 1913 bis zu seinem Tode betrieb. Dort wurde inmitten des afrikanischen Kontinents ein nach westlichen Maßstäben organisiertes Krankenhaus aufgebaut. Die Umstände der Versorgung waren dort - der Zeit und dem Zeitgeist geschuldet - oftmals einfach und improvisiert. Die Albert-Schweitzer-Schule war nach ihm benannt, als sein Ruhm Mitte der 60er Jahre bereits am Verblassen war.

Ich hatte beschlossen, der Einladung von Herrn Knüllenbrink zu folgen und radelte nach einem kurzen Telefonat mit ihm zur besagten Schule.

Das Gebäude bestand aus einer dreiflügeligen Anlage aus hellem Klinker. Ein Flügel bestand aus Klassenräumen, während im Hauptgebäude Funktionsräume und das Sekretariat untergebracht waren.

Der dritte Flügel war mit dem Hauptgebäude durch einen überdachten Gang verbunden, und bestand aus der Turnhalle, den Toiletten und Umkleideräumen. Alle drei Gebäudeteile umschlossen den Schulhof und die ganze Anlage war durch einen Zaun sowie Buschwerk von der vielbefahrenen Straße getrennt.

In Zeiten sinkender Schülerzahlen und leerer Kassen hatte die Stadt beschlossen, die Schule aufzugeben und kein Geld mehr bis zur Schließung in Unterhalt und Renovierung zu stecken. Bis es schließlich so wenig Schüleranmeldungen gab, dass die Schule getrost geschlossen werden konnte, vergingen noch zehn weitere Jahre. Hätten Politiker nochmals weiter in die Zukunft geplant, wäre ihnen vielleicht aufgefallen, dass die folgenden Geburtenjahrgänge stärker wurden und somit neue Schulen wieder benötigt würden. Schließlich sind Kinder keine Wähler.

Das bedeutete faktisch, dass die letzten drei Schülergenerationen in einer vor sich hin zerfallenden Ruine ihre Bildung absolvieren durften. Ausfallende Heizungen, undichte Fenster und Schulmöbel, die von Menschen konstruiert worden waren, die in Kindern lediglich zu klein geratene Erwachsene sahen, die schon in alles reinwachsen würden. Es bereitete jedenfalls die hoffnungsvolle Jugend schon frühzeitig auf ein Leben voller Enttäuschungen vor.

Seit drei Jahren stand das Gebäudeensemble nun leer und ein Abriss war lediglich deshalb nicht geschehen, weil Politiker und Spekulanten (oftmals in ein und derselben Person) auf Steigende Grundstückspreise setzten.

Dann kam die Krise, und das ganze wurde zur Notaufnahmeeinrichtung für Flüchtlinge umgewidmet. Die Gründe dafür waren einleuchtend. Zum einen war es verkehrsgünstig gelegen, zum anderen gab es keine unmittelbaren Nachbarn, die sich aufregen könnten. Außerdem kostete es keinen müden Cent und danach würde man es eh abreißen.

Als ich mein Fahrrad an der Straße abgestellt hatte und zum Schultor ging, erwartete mich eine Überraschung. Offenbar hatte die örtliche Taxigilde beschlossen, den Schulhof in eine Mischung aus Verkehrsübungsplatz und öffentlicher Versammlungsstätte umzuwandeln. Eine lange Reihe Taxis brauste auf den Schulhof, lud Menschen ein oder aus, und sauste dann wieder mit Vollgas vom Hof. Ich musste unwillkürlich an die Pariser Taxis denken, die man mit Soldaten vollgeladen 1914 an die Front schickte, um die vorrückenden Deutschen zu stoppen. Die Pariser Taxis haben damals Frankreich gerettet; was ihre deutschen Kollegen hier trieben blieb mir ein Rätsel. Zumal die Nachrichten nicht das Herannahen einer feindlichen Armee verkündet hatten.

Am Tor stand ein, in einer schwarzen Uniform gekleideter Security-Mitarbeiter, der den herein- und heraussausenden Taxis mit bärbeißiger Miene zuguckte.

„Guten Morgen, ich habe eine Verabredung mit Herrn Knüllenbrink." Der Security- Mitarbeiter musterte mich, als ob ich Einlass in einen exklusiven, für mich aber eindeutig zu schicken und teuren Nachtclub begehrt hätte.

„Der Meldekopf ist im Hauptgebäude, da müssen Sie hin." Er deutete mit seinem Handfunkgerät auf die große Glastür im Hintergrund. Als ich mich nicht sofort nach 2 Sekunden in Bewegung setzte, sagte er nun deutlich lauter: „Da! Doort! Da hinten müssen Sie hin!", und fuchtelte dabei mit seinem Funkgerät. Ich ging los, während er nochmals hinter mir her schrie, als müsse er sich gegen die Geräusche einer landenden Hubschrauberbrigade durchsetzen. „DA HINTEN! SEIEN SIE VORSICHTIG!" - Es sollte sich herausstellen, dass ich seine Warnung in den nächsten drei Jahren nicht oft genug beherzigen würde.

Ortsorganisationsleiter

In den frühen 60er Jahren war die Republik noch durch und durch von den Wertvorstellungen der Kriegsgeneration durchsetzt. Neben unzähligen anderen Schandtaten hatten die Nazis dieser Generation auch jeden Sinn für Kunst und Ästhetik geraubt. Stattdessen war alles in ein von Blut- und Bodenmystik, pseudomittelalterliches, germanisches und von sonstigem Spuk durchsetztes „völkisches“ Kunstbild gepackt worden. (Die Macher von „Game Of Thrones“ hätten daran zweifelsohne Gefallen gefunden, wie auch umgekehrt die Nazis die blonde Drachenkönigin als Erfüllung ihrer feuchten Rassenträume gesehen hätten.) Ein solches Bild befand sich als Mosaik gesetzt an der Wand.

Im Vordergrund sah man einen kleinen weißen Mann mit einem übergroßen Tropenhelm. In der Hand hielt er ein Stethoskop oder eine Peitsche, beides war möglich. Ein riesiges grünes Hintergrundgewimmel sollte wohl den Dschungel darstellen. Kleine schwarzhäutige Kinder mit Baströckchen drängten aus dem Grün; eins schaute aus zwei perspektivisch merkwürdig angeordneten Augen zum Tropenhelmmann. Rechts am Bildrand sah man einen Fluss und ein paar strohgedeckte Hütten. Die Sonne ging in kreischendem Orange und im Fluss unter. In gotischen Lettern stand „Albert Schweitzer“ und rätselhafterweise in gleicher Größe und Form „Rennen Verboten!“ unter dem Machwerk. Sehr vorsorglich, dachte ich. Wenn man das Bild gesehen hat und von Übelkeit und Abscheu übermannt das Weite sucht, sollte man sich besser vorsichtig bewegen.

Vor dem Mosaik waren acht Tische in U-Form aufgebaut, mit Papiertischdecken gedeckt, so als würden gleich Kuchenspenden zum alljährlichen Schulbasar erwartet. Dort saßen drei Security-Mitarbeiter und je zwei Menschen in Rettungsdienstkleidung. In der Halle herrschte unbeschreiblicher Lärm. In der einen Ecke versuchte ein Dutzend Kinder einen Tischfußball Spiel in Sperrmüll zu verwandeln. In der Mitte des Raumes saßen Frauen, teilweise mit Säuglingen im Arm. Sie lauschten der typischen „Jallajalla"-Musik Nordafrikas aus einem Kassettenrekorder, den man offenbar für Taube konstruiert hatte. Dutzende Menschen standen mit einer Unzahl von Plastiktüten herum und schrien sich gegenseitig, die Kinder, die Frauen oder die am Tisch sitzenden an. Dazwischen eilten immer wieder junge Männer mit dem Ruf „Taxi" herein, was jedes Mal einen allgemeinen Aufschrei zur Folge hatte. Die Luft war zum Schneiden, während es aus der undichten Hallendecke ununterbrochen tropfte, obwohl es schon seit Tagen nicht geregnet hatte.

„Hallo, schön dass Sie da sind." Herr Knüllenbrink stand direkt hinter mir. Er hatte seine braune Ausgehuniform gegen ein knallrot/neongelbes Ensemble eingetauscht, an dessen Ärmeln die Abzeichen aller Hilfsorganisationen und auf dem Rücken ein reflektierendes Schild ORGL angebracht war. Außerdem stand vorne auf der Jacke noch der Schriftzug „Gemeinsam für unsere Stadt". Die restlichen paar Zentimeter freie Fläche waren von seinem goldenen Namensschild, einer Plastikkarte mit buntem Aufdruck und seinem Foto bedeckt. Aus der Jackentasche baumelte das Mikrofon-Sprechfunkgerät. Insgesamt sah er aus wie ein pfingstlich geschmückter Verkehrsleitkegel.

„Kommen Sie mit in mein Büro, da ist es ruhiger." „Während eines Heimspiels von Latio Rom nach dem Führungstreffer ist es ruhiger", dachte ich und folgte ihm. Dort angekommen, strahlte er mich an: „Wir haben das alles hier in kürzester Zeit aufgebaut." „Wahrscheinlich in ein paar Minuten", dachte ich, während er fortfuhr: „Momentan beherbergen wir 90 Flüchtlinge unterschiedlicher Herkunft, und das Tag und Nacht. Alle Hilfsorganisationen der Stadt sind beteiligt, wir teilen die Dienste gemeinsam und wechseln uns in der Leitung ab, heute habe ich hier das Kommando, morgen mein Kollege von den Leviten und so weiter." Bevor ich nachfragen konnte, woraus diese Kommandofunktion genau bestand (außer in absurder Kleidung herumzulaufen), kam er gleich auf den Punkt. „Ich brauche jemanden für den Sanitätsbereich, der ist nämlich 24 Stunden zu besetzen". „Ab wann?", warf ich ein, ohne genau zu wissen, worum es dabei eigentlich ging. „Jetzt sofort", strahlte er mich an, wobei sein breites Gesicht noch breiter wurde. Er grinste wie einer dieser amerikanischen Politiker, denen man nie und nimmer einen Gebrauchtwagen abkaufen würde. „Falls Sie Interesse haben, können wir die Formalitäten schnell erledigen. Ich habe hier bereits ein paar Papiere vorbereitet. Sie können sich zunächst mal umschauen, dann müssen Sie erst mal Mitglied bei uns werden und den Rest bereden wir später. Manuela zeigt Ihnen alles."

Die Neugierde hatte mich gepackt und dieses nach wie vor merkwürdige Chaos reizte mich, der zu erwartende Verlust meiner bisherigen Unterrichtstätigkeit lastete ja außerdem auf mir. Also verpflichtete ich mich bei seiner Truppe und war fortan bei den Martinern. Begeistert schüttelte Herr Knüllenbrink mir die Hand. „Willkommen an Bord, ich bin Thomas, wir sagen alle ‚Du'. Ortsorganisationsleiter Thomas, um es genau zu sagen, ich habe hier nämlich das Kommando." Noch ehe ich antworten konnte, sprach er in sein Funkgerät: „Sanbereich für Einrichtungsleitung!" „Hört", quäkte es aus der Leitung. „Einmal in mein Büro zum Einweisen des neuen Kollegen". „Verstanden." Als habe sie an der Tür gestanden und auf den Befehl gewartet, stand Sekunden später eine kleingewachsene blonde junge Frau in Weißzeug und mit Rettungsdienstjacke der goldenen Sonne vor mir. „Hi, ich bin Manu. Komm ich zeig' dir alles." Als ich das Büro verließ, grinste Knüllenbrink, sofern das überhaupt möglich war, noch breiter. Nun wusste ich auch, was die geheimnisvollen Buchstaben ORGL auf seinem Rückenschild bedeuteten: „Ortsorganisationsleiter".

Taxischein

Manu ging mit mir im Schlepptau forschen Schritts durch die Halle. Ungeachtet des Lärms redete sie ununterbrochen, wovon bei mir nur Wortfetzen ankamen. „Noch eine Familie mit Kindern..... großer Damengrößen.....alleine nicht zu schaffen....Sanitätsdienstliche Betreuung...goldene Sonne..." Ihr Geplapper ergab für mich keinen Sinn. Wir bogen in den Seitentrakt ab, wo es merklich ruhiger wurde. Vor einer Glastür blieben wir stehen, weil sie erst einen Schlüsselbund aus ihrer Hose nesteln musste, um die Tür aufzuschließen. „So, da sind wir." Der Raum hinter der Glastür war wohl das ehemalige Sekretariat der Schule. Ein großer Tresen grenzte den Arbeitsbereich ab. Dahinter waren ein paar Behandlungsliegen nebst Infusionsständern, Tische mit sauber gestapeltem medizinischem Material, Schreibtische und Schränke an den Wänden entlang angeordnet. Die Mitte des großen Raumes war bedrückend leer. An den Wänden waren Große dunkle Wasserflecken zu sehen. Die niedrige, holzvertäfelte Decke verlieh dem Ganzen den Charme bundesdeutscher Profanbauten aus den 60er Jahren. Es roch nach Bohnerwachs, Desinfektionsmittel und Nagetier. „Vielleicht hat man die ganzen toten Klassenhamster über Generationen in der Zwischendecke entsorgt", dachte ich, was sich jedoch später als naive Fehleinschätzung erweisen sollte. Die sich dort aktuell befindlichen Nager waren nämlich alles andere als tot.

Manu schloss die Tür sorgfältig ab. „So, jetzt machen wir es uns erst mal gemütlich", verkündete sie giggelnd und zauberte eine Kioskdose Haribo Konfekt hinter dem Tresen hervor. Während sie das Konfekt ohne erkennbare Schluckbewegungen in sich hinein schaufelte, grinste sie mich an. „Erzähl mal, was machste so?“ Während ich einerseits meine Gedanken sortierte und mich ganz weit im Hinterkopf darauf vorbereitete, bei der nächsten Ladung Konfekt, das in ihr verschwand, das Heimlich-Manöver anwenden zu müssen, um sie vor dem bevorstehenden Erstickungstod zu bewahren, sprudelte sie gleich weiter los:

„Ich bin ja seit drei Jahren bei der goldenen Sonne, der größten Hilfsorganisation überhaupt und so. Eine tolle Gemeinschaft, wir haben viel Spaß und verstehen uns da alle super und so.“ Sie kicherte leise. „Aber wir tun ja auch viel Gutes, so Sanitätssachen und so. Im Sommer gehen wir zelten, wegen der Gemeinschaft und so, wir haben das ja hier auch echt schnell hingekriegt mit den Flüchtlingen und so, es sind ja auch viele, die hier helfen wollen und so. So mit Spenden und Spielzeug für die Kinder und so. Natürlich sind wir auch echt voll am Rödeln mit dem ganzen Sanitätskram und so, aber wir sind eine tolle Gemeinschaft und haben viel Spaß und so.“ „Soso“, sagte ich, um auch mal dazwischen zu kommen, „was denn für Sanitätssachen?“ An der Glastür klopfte es laut und eine Stimme rief: „Doktor, Doktor!“ „Oh, das kann ich dir jetzt gleich zeigen.“ Sie sprang zur Tür und öffnete. Herein kam ein Mann mit Wetter gegerbten braunen Gesicht, in einem taubenblauen Konfirmationsanzug. „Doktor, Doktor“, wiederholte er jammernd und deutete auf seine Füße. „No Problem, one Moment“, sagte Manu und ging zu einem der Schreibtische. Dort waren mehrere Stapel Papiere, von denen sie nun zwei Blatt zum Tresen brachte. „Name?“, sagte sie zu dem Mann - zwei Lautstärken lauter als nötig. Er reichte ihr einen zerknüllten Zettel, von dem sie den Namen in die Papiere übertrug. „ Admir Krasniqi?“, sagte sie noch eine Spur lauter, und deutete mit dem Zeigefinger auf die Nase des Mannes. Der Mann nickte heftig und sagte nun deutlich gutgelaunt: „Doktor, Doktor!“ Sie gab ihm beide Zettel in die Hand und deutete auf die Tür „Taxi, Hospital“, rief sie. Der Mann lächelte sie an. „Doktor, Doktor“, verabschiedete er sich freundlich. Manu sprach in ein auf dem Tresen stehendes Funkgerät: „Wache für Sanbereich.“ - „Hört“, rauschte es aus der Leitung. „Einmal ein Taxi für die 87!“. „Verstanden.“ Manu ging zurück zum Schreibtisch, um einen Ordner mit dem aufgedruckten Wappen des Landes aufzuschlagen. Sie schrieb etwas hinein, schlug den Ordner zu und sagte im Tonfall einer Ärztin, die grade eine Entscheidung über Leben und Tod getroffen hatte: „Das war wieder so einer, so rein sanitätstechnisch. Ich habe ihn in die Uniklinik in die Orthopädie überwiesen.“ Sie sah mich ernst an, während sie gleichzeitig eine weitere Hand voll Konfekt in ihrem Mund verschwinden ließ. „Ich denke, ein Taxi reicht. Im Moment ist es echt schwer, einen Liegendtransport zu bekommen, unser eigener Krankenwagen ist pausenlos unterwegs. Wir haben ein echt hohes Patientenaufkommen.“ Ich war sprachlos, aber Manu redete ja eh für uns beide.

Durch die Tür kam ein breitschultriger Sicherheitsmann in schwarzer Uniform, mit dem üblichen Funkgerät am Gürtel, sowie einem Karton in beiden Händen. „Hier, Eure Lieferung, grade per Kurier gekommen.“ Er stellte den Karton ab und streckte mir die Hand entgegen. „Hi ich bin Matthias, Wachleiter für heute.“ „Jean-Luc“, entgegnete ich. Ich gab ihm die Hand. Es fühlte sich so an, als ob ich in eine Hydraulikpresse gefasst hätte und ich hatte schon Angst, den Rest meiner Tage mein Essen von einer anderen Person schneiden lassen zu müssen.

„Schön, dass du da bist“, sagte er freundlich. „Manu hast du ja schon kennen gelernt. Ich hörte, dass du dich gerade umschaust und zu unserer Unterstützung hier bist. Biste Sanitäter?“ Seine hellen Augen strahlten mich an. Ich räusperte mich.

„Ich bin Krankenpfleger und Lehrrettungsassistent. Die letzten Jahre habe ich an der Martiner- Akademie gearbeitet, hauptsächlich als Ausbilder für die neuen Notfallsanitäter der Bundeswehr in einem Joint Venture zwischen denen und dem Bund.“ Das war zwar nicht alles, aber musste für´s Erste reichen. „Bundeswehr!“, rief er begeistert, während mich Manu anguckte, als ob ich grade einen gemeinsamen Nacktanzwettbewerb vorgeschlagen hätte. „Ich war neun Jahre Feldjäger, mit Auslandseinsätzen.“ Matthias stellte sich kerzengerade hin. „Jetzt bin ich Wachleiter hier bei SBZ Sicherheit. Dann können wir den Laden ohne Probleme schmeißen, je weniger Zivilunken, umso besser.“ Manu funkelte ihn böse an, sagte aber nichts und stellte die leere Konfekt Dose weg. „Komm mit in die Wachstube. Dort ist es gemütlicher.“

Er schob mich aus dem Sanitätsbereich, ohne sich weiter um Manu zu kümmern. Wir gingen um die Ecke in einen kleineren Raum, der zu einem kleinen Wintergarten hin offen war und dessen Zweck wohl die ehemalige Schulgärtnerei war. Neben einer Anzahl Spinde und einem großen Tisch, auf dem Karten ausgebreitet waren, stand eine Kommode, auf der mehrere Funkgeräte aufgebaut waren. Eine Sitzgruppe mit Sesseln und ein Nierentisch sorgte für Behaglichkeit. Im Hintergrund schnatterten die Funkgeräte vor sich hin. „Kaffee?“, fragte Matthias, während er mich zur Sitzgruppe dirigierte. „Tee, Earl Grey, heiß…“, antwortete ich. Er kam mit den beiden dampfenden Getränken zu mir. „Matthias, bitte kann ich dich um einen Gefallen bitten?“, fragte ich, während er ein paar Kekse aus einer Schachtel brachte. „Ja sicher, gerne“, antwortete er freundlich. „Unter Kameraden immer". „Tu' doch mal einfach für einen Moment so, als sei ich eben aus dem Koma erwacht und du müsstest mir das alles hier" - ich machte eine ausladende Bewegung mit dem Arm - „in militärischer Kürze erklären." Matthias sah mich belustigt an. „Dies hier ist die erste Notaufnahmeeinrichtung für Flüchtlinge im Ort. Betrieben wird sie vom Land, das ist der Auftraggeber. Das Land hat aber keine eigenen Kräfte, also werden die Hilfsorganisationen mit der praktischen Arbeit beauftragt. Dazu noch private Sicherheitsfirmen zum Schutz, denn Polizeikräfte sind ebenfalls nicht genug vorhanden. Die Hilfsorganisationen haben hier in der Stadt das Bündnis „Gemeinsam für unsere Stadt" gegründet, da der Kuchen wohl für eine Alleine zu groß war. Sie betreiben das Ding eben gemeinsam. Geflüchtete kommen über die Grenze, werden auf Städte verteilt, und bleiben bis dahin hier, in Notunterkünften. Dort werden sie mit Kleidung, Essen und Medizin versorgt, bis sie weitergeleitet werden. Das Ganze hier wurde vor drei Tagen von der Technischen Nothilfe eingerichtet und im Moment haben wir ca. 90 Bewohner hier, vor allem aus dem Kosovo." „Okay, aber was hat das mit den ganzen Taxis dort auf sich?", fragte ich, obwohl mir die Antwort langsam dämmerte. „Ach, dieser Wahnsinn hat auch Methode", lachte er. „Am ersten Tag war hier noch ein Arzt der Hilfsorganisationen, freiwillig, aber der musste wieder arbeiten. Also wird die medizinische Versorgung seither durch die Sanitäter übernommen. Das Land hat die Erlaubnis, Behandlungsscheine und Taxischeine auszustellen, vorläufig an die Hilfsorganisationen übertragen. Seither wird jeder, der was hat, mit dem Taxi zum Arzt oder zum Krankenhaus geschickt. Die Leute sind nun mal nicht krankenversichert, also übernimmt das Land alle Kosten." „Und wer prüft, wer Behandlungsbedarf hat?" „Na, die Sanis, jeweils der höchstqualifizierte ist Sanitätsbereichsleiter und füllt den Schein aus, Unterschrift und Stempel drunter und ab geht's." Seine Faust schlug auf den Tisch, als ob er ein Formular Stempeln würde.

„Da war grade ein Mann in dem Sanitätsbereich, der deutete nur auf seine Schuhe. Vielleicht hatte er Schmerzen, vielleicht gefiel ihm auch nur die Farbe nicht, keine Ahnung. Er wurde nicht untersucht, sondern gleich weitergeschickt, in die Uni, mit dem Taxi." Ich deutete aus dem Fenster, wo man die ein paar hundert Meter weiter stehenden Gebäude der Universitätsklinik deutlich sehen konnte.

„Die Leute hier sind doch nicht doof, die hatten ruckzuck raus, dass sie sich einfach nur dumm stellen brauchen, wenn man ihnen den Weg zur Klinik versucht zu erklären. -schwups- sitzen sie mit Fahrschein für Hin- und Rücktransport im Taxi. Die Taxifahrt muss so von den Flüchtlingen nicht bezahlt werden, ist also bares Geld für die, weil der Taxenschein direkt mit dem Land abgerechnet wird." „Und das wird nicht kontrolliert?", fragte ich ungläubig. „Doch sicher, am Ende des Tages zeichnet der jeweilige Leiter, der hier von den Hilfsorganisationen grade den Hut aufhat, das Taxi Buch ab, das war´s."

Matthias Lächeln war so unergründlich wie das der Sphinx. „Noch Tee?", fragte er.

Aus dem Funkgerät plärrte es: „Wache für Sanbereich" - „Hört" - „Einmal ein Taxi für den Bewohner mit der Nummer 37 mit Frau und zwei Kindern!" - „Verstanden, ist unterwegs."

Gemeinützig

Ich denke, ich muss an dieser Stelle mal kurz meinen Bericht unterbrechen, und über die byzantinische Welt der Hilfsorganisationen berichten, damit auch Außenstehende besser verstehen, in welchem Kosmos ich mich grade bewegte. Um diese komplexen Erklärungen verdaulicher zu machen, werde ich sie häppchenweise präsentieren. Beginnen wir also mit den Anfängen.

Verstörender Weise beginnt die Geschichte der Hilfsorganisationen mit den Kreuzzügen.

Als sich im Mittelalter Scharen von Rittern, auf der Suche nach Seelenheil und fetter Beute, auf den Weg in den Nahen Osten in Marsch setzten, entstanden bald sogenannte Ritterorden. Eine seltsame Mischung aus Frommen Schlagetots und raffgierigen Geschäftsleuten. Nachdem diese Gesellschaften im Nahen Osten genügend zusammengerafft hatten, nisteten sich die sogenannten Ritterorden auf diversen Mittelmeerinseln ein, um von dort aus ihren Geschäften nachzugehen. Zugang zu dieser Gesellschaft hatten nur Adelige, denen es nicht vergönnt war, den Familienstammbaum fortzusetzen. Reichlich mit finanziellen Mitteln ausgestattet, bildeten die Ritterorden bald gut organisierte Staaten und waren in Europa bestens vernetzt.

Das Geschäftsmodell des Kreuzzuges erwies sich als erfolgversprechend, sofern man mit keinem ernstzunehmenden Widerstand zu rechnen hatte. Daher dachte man schon bald über einen Export dieser Idee in andere Weltgegenden nach. Dafür bot sich der Osten Europas, damals eine von nicht christlichen Stämmen bevölkerte Gegend, geradezu an. Also zog ein

Haufen Schwerbewaffneter entlang der Ostsee bis in die Gegend der heutigen baltischen Staaten, verlangte von den Einwohnern Unverständliches (sich taufen zu lassen) in unverständlicher Sprache und tötete dann kurzerhand jeden, der sich zu lange am Kopf kratzte und überlegte, was es mit dem Ganzen auf sich haben mochte. Auch hier bildete man Staaten.

Die Jahrhunderte kamen und gingen, und letztendlich blieben nur ein paar Reste der ehemaligen Ritterorden übrig:

Die Martiner,

benannt nach dem heiligen Martin, hatten sich an der besagten Ostseeexpedition beteiligt, bis ihr Oberhaupt ein paar Jahrhunderte später beschloss, dass er viel lieber Herzog seines eigenen Landes, statt ein vom Papst abhängiger Ordensmann sein wollte. Also wurde er Protestant und verhökerte seinen winzigen Staat nach einigem Hin und Her an den Kurfürsten von Brandenburg. Um einiges wohlhabender als zuvor, gründete er seinen eigenen exklusiven Herrenclub, den er - der Namensgleichheit zu Martin Luther sei Dank – „Martiner" nannte und er lebte mit seinen fortan protestantischen Kumpanen in Saus und Braus.

Die Rhodosier

hatten sich auf der Insel Rhodos festgesetzt, die sie zum Verdruss des osmanischen Sultans jahrhundertelang erfolgreich gegen jeden Zugriff verteidigten. Eines Morgens im 19. Jahrhundert erschien jedoch ein dampfendes Kriegsschiff in ihrem Hafen und richtete seine Kanonen auf ihre Festung. Ein britischer Offizier erschien vor dem Tor und erklärte, dass die Regierung Ihrer Majestät nunmehr ein Auge auf diese Insel geworfen hätte. Man solle gefälligst zusammenpacken und verschwinden. Ansonsten würde Ihrer Majestät Kanonenboot HMS Greedy hier alles kurz und klein schießen. Eiligst rafften die Rhodosier das Nötigste (und vielleicht auch ein wenig mehr) zusammen und verließen die Insel, ohne sich noch einmal umzusehen. Mit dem über die Jahre angehäuften Vermögen kaufte man sich einen der Hügel von Rom (man war katholisch geblieben) und ließ es sich dort gut gehen.

Aus diesen beiden Orden gingen dann in der Neuzeit als Ableger die nach ihren jeweiligen Mutterorganisationen benannten Hilfsorganisationen hervor. Die Ritterorden haben in beiden das Sagen und bestimmen letztendlich die Leitung.

Weniger heroisch war die Geschichte der beiden anderen Hilfsorganisationen.

Die goldene Sonne

gegründet von einem belgischen Handelsvertreter für Taschennähsets. Dieser ging davon aus, dass in den zahlreichen Kriegen des 19. Jahrhunderts, Soldaten vor allem von einer Sorge geplagt waren, nämlich der, einen Knopf ihrer prachtvollen Uniform auf dem Schlachtfeld zu verlieren. Also reiste er, als er von einer größeren Schlacht in der Nähe hörte, eiligst Richtung Kanonendonner, weil er auf schwungvollen Absatz hoffte. Zu seiner Verblüffung waren die meisten Soldaten aber leider grade damit beschäftigt, sich totschießen zu lassen, sodass er auf seinen Kurzwaren sitzen blieb.

In dieser Zeit ließ man nach einer Schlacht alles stehen und liegen, ohne aufzuräumen, sodass am Abend das Schlachtfeld mit kaputten Kanonen, allerhand anderem Kriegsmaterial, Pferden, Leichen und Tausenden von unversorgten Verletzten übersät war. Aus den umliegenden Dörfern und Städtchen strömten Scharen von Menschen, teils um sich nach brauchbaren umzusehen, aber auch um die Verwundeten zu versorgen. Es mangelte an Allem, vor allem aber an Verbands- und Nahtmaterial um Wunden zu nähen. Das war seine große Stunde, er stellte alle seine Taschennähsets den herbei Eilenden Helfern zur Verfügung. Seine Sets waren in geschmackvollen, roten Lederetuis untergebracht, die man mithilfe eines kleinen Verschlusses aufklappen konnte und die Nadel, Faden, eine winzige Lupe und eine kleine Pinzette enthielten. Von außen war das Firmenlogo, eine goldene Sonne mit nach allen Seiten strahlenden Linien, aufgebracht. Somit war die Gründungslegende der Hilfsorganisation vom goldenen Stern geboren, heute eine in allen Ländern tätige Gemeinschaft. Der goldene Stern ist das Symbol für Hilfe in Not.

Die Leviten

wurden in den Fabriken des Ruhrgebiets gegründet. Dort herrschten damals in Sachen Arbeitssicherheit haarsträubende Zustände. Offene, schnell laufende Maschinenteile, ungesicherte Bergwerksschächte und überall heranrasende Kleinlokomotiven sorgten für Zahlen von Verletzten und Toten, die denen auf einem Schlachtfeld in nichts nachstanden. Stanislaw Levitschinski war Bergmann und über die Zustände der mangelnden medizinischen Versorgung für bei der Arbeit verunglückte Kollegen entsetzt.

Durch seine Zeit in der preußischen Armee hatte er die Vorzüge, der ein halbes Menschenleben zuvor eingeführten Idee der sanitätsdienstlichen Versorgung verletzter Soldaten, kennen gelernt. Also gründete er in den Fabriken und Werkstätten kleine Sanitätskolonnen, die verunglückten Kollegen beistehen konnten. Die Idee verbreitete sich in Windeseile. Levitschinski schrieb ein kleines Büchlein über erste Hilfe, mit Unterstützung eines befreundeten Arztes und bald waren die „von Levit", wie er kurz genannt wurde, gegründeten Hilfskolonnen in jedem Industriebetrieb tätig. Später schloss man sich dann der Arbeiterbewegung an und gründete in Berlin, den nach seinem Gründer genannten Verein „Die Leviten".

Alle Hilfsorganisationen haben einen durch diverse nationale und internationale Abkommen geschützten Status. Ihre Mitglieder leisten wichtige Aufgaben im Rettungsdienst, Katastrophenschutz, in der Wohlfahrtspflege sowie anderen sozialen Feldern. Schulen, Krankenhäuser, Altenpflegeeinrichtungen und dergleichen mehr gehören in ihr Portfolio. Moment,... merken Sie etwas?...Ist es nicht die Aufgabe des Staates, seine Bevölkerung vor Unglücken zu schützen, in Not zu helfen und überhaupt alles zu tun, damit seine Bürger in gesicherten sozialen Verhältnissen leben? Ich antworte so wie der einst bekannte Radiosender Eriwan, der zu grundsätzlichen Fragen gesellschaftspolitischer Relevanz stets mit der Einleitung begann „Im Prinzip ja, aber..."

Aber der Einfluss der Kirchen, Parteien und Gesellschaftlichen Gruppen ist in Deutschland so stark, dass man das Geschäft mit dem Sozialen keinesfalls den staatlichen, nicht auf Geschäfte bedachten, Institutionen überlassen möchte. Warum sollte man mit nur einem Stück des Kuchens zufrieden sein, wenn man den Ganzen haben kann, zusammen mit Geschirr, Besteck, Tischtuch und Stühlen. Und weil man ja auf diesem Wege Steuergelder spart und Mitglieder der Hilfsorganisationen Wähler (mit einer mächtigen Lobby) sind, halten die Politiker das für eine ausgezeichnete Idee und lassen sich gerne mit den bunt uniformierten Helfern, bei jeder Gelegenheit für die Presse ablichten. Da man ja im Auftrag des Staates und der Allgemeinheit handelt, sind diese Organisationen obendrein noch von den Steuern befreit, das nennt sich gemeinnützig.

Ehrenamt

Am nächsten Morgen bekam ich schon früh einen Anruf. Es war Knüllenbrink, der mich fragte, ob ich Zeit hätte, spontan den Frühdienst zu übernehmen. Jemand sei krank geworden. Da ich ohnehin einen freien Tag hatte, also nicht zur Akademie musste, machte ich mich auf den Weg. Zumal ich beschlossen hatte, mich beruflich neu zu orientieren. So wie es aussah, würde mich dort niemand vermissen, und ich dort auch niemanden. Mit der Arbeit ist es wie mit einem Banküberfall. Ohne die richtigen Komplizen wird das eh nichts.

Die Notunterkunft bot das gewohnte Bild von wartenden Taxis. Außerdem stand ein Rettungswagen vor der Tür. Als ich mich bei der Wache anmeldete, fragte ich: „Was ist passiert?" Der Sicherheitsmann machte sich nicht einmal die Mühe, von seinem Handy auf zu gucken. „Jemand aus der Betreuung hat gemeint, da wäre jemand krank. War kein Sani da, also hat jemand die Feuerwehr gerufen." Mit Betreuung waren die Helferinnen und Helfer gemeint, die sich um die alltäglichen Belange der Bewohner kümmerten, wie ich später erfuhr. Für den Job brauchte man ein hohes Maß an Sozialkompetenz und die Fähigkeit, Alltagssituationen für andere zu managen. Eigentlich sollte man meinen, dass diese Fähigkeiten bei den meisten Erwachsenen vorhanden sein sollten, aber erschütternd viele Menschen verfügen darüber noch nicht mal Ansatz weise. Ich frage mich, ob man in der Schule, statt den Fokus auf die Gedanken von seit 200 Jahren verstorbenen Dichtern zu legen, in diesen Bereichen vielleicht ein wenig mehr Schwerpunkte gelegt werden könnten. Aber das ist ein anderes Thema. Jedenfalls brauchen und haben Betreuungskräfte keine Sanitätsausbildung, die über die erste Hilfe Maßnahmen hinaus geht.

Ich ging aus der, zu dieser Stunde noch relativ ruhigen Halle, zum Sanitätsbereich, als mir die Besatzung des Rettungswagens entgegenkam. Mit Rettungsdienst - Rucksäcken, EKG-Gerät und Sauerstoff beladen, stapften sie an mir vorbei, bis sich einer zu mir umdrehte. „Ich kenn' dich doch aus der Akademie", sagte er in einem Tonfall, der nichts Gutes verhieß. „Bist du etwa auch an diesem ganzen Scheiß beteiligt?"

Da die Halle keinerlei Versteckmöglichkeiten bot, stellte ich mich ihm tapfer entgegen. „Ich soll hier im Sanbereich mitarbeiten, wieso?" Das Kardinalsrot seines westfälischen Bauernschädels verfärbte sich ein paar Nuancen dunkler. „Weil wir das dritte Mal herkommen und kein Mensch sagt, warum. Deine Scheißkollegen rufen uns an, um unseren Scheiß RTW zu eurem Scheiß Dreckloch zu fahren und dann vergessen die einfach, welcher Scheiß Affe ihnen gesagt hat, wegen welchem Scheißdreck wir überhaupt kommen sollten! Das ist doch..." Er rang nach Luft und starrte mich an. „Scheiße?", schlug ich vor, während ihn sein Kollege von mir wegzog. Ich beschloss, die Einrichtungsleitung aufzusuchen.

Die Leitung hatte heute Florian Setzer von den Leviten. Er war ein junger Mann mit rötlich blonden Haaren und Spitzbart und trug bis auf einen Einsatzpulli zivil. „Jaaaa", sagte er mit lang gezogenen Konsonanten, als ich ihm von dem Vorfall berichtete. Mit jedem Vokal schien sich auch genau ein Buchstabe eines Gedankens in seinem Spatzenhirn zu formulieren. „Aaalso, wenn den Betreuern ein Notfall gemeldet wird und kein Sanitäter da ist, müssen die den Rettungsdienst rufen." „Okay, aber die müssen doch wenigstens wissen, wer wo welche Hilfe braucht. Es kann doch nicht sein, dass keiner weiß, welcher Notfall vorliegt. Außerdem hat man mir gesagt, dass hier rund um die Uhr ein Sanitätsdienst ist." „Theoretisch jaaaaa, aber uns gehen grade die Helfer aus. Mal ein paar Stunden Ehrenamt macht jeder, aber dann ist auch gut. Die haben schließlich alle auch noch ein Privatleben, nicht wahr?" „Du meinst", wollte ich irritiert wissen, „ihr habt hier im Wesentlichen Leute rumlaufen, die ehrenamtlich arbeiten? Und Kommen und Gehen wann und sie wollen? Und wenn halt niemand da ist, wurstelt der Rest so vor sich hin, wie er grade meint?" „Jaaa, Jajaaa", antwortete er fröhlich, was in mir das kaum beherrschbare Verlangen auslöste, ihn an seinem Ziegenbart mit dem Kopf auf die Tischplatte zu zerren. „Natürlich schicken wir auch Hauptamtliche aus unseren Organisationen, wer grade mal Zeit hat so wie du. Das muss alles noch organisiert werden, aber das tut es bestimmt schon irgendwie, ", schickte er versöhnlich hinterher. „Wobei ich gleich Weg muss, eigentlich mach ich den Hausnotruf für die Leviten. Dienstkleidung haben dir die Martiner in die Sanstation geschickt. Tschüss und wenn was ist, melde dich", sprach´s und ging zur Tür. Als ich zum Sanitätsbereich ging, standen vor der Tür massenhaft Menschen und begehrten Einlass. Unter ihnen der Mann von gestern im Konfirmationsanzug. „Doktor, Doktor!", feixte er mich an und deutete auf seine nagelneuen schwarzen Schuhe. „Na wenigstens dem wurde geholfen", dachte ich und schloss die Tür auf.

Handtuchspender

Den Vormittag verbrachte ich damit, mir die verschiedenen Klagen und Wünsche der Bewohner anzuhören. Da ich kein Arzt bin, versuchte ich in einer Mischung aus Zeichensprache und körperlicher Untersuchung so viel als möglich über ihre Beschwerden in Erfahrung zu bringen. Viele zeigten die Folgen von Armut und medizinischer Vernachlässigung. Schlecht verheilte Frakturen, Narben und teilweise offene Wunden waren nicht selten. Die Zähne waren fast durch die Bank weg in katastrophalem Zustand,

und zeigten Zeichen von jahrelanger (wahrscheinlich lebenslanger) Mangelernährung. Einige hatten ominöse Tabletten teilweise ohne Kennzeichnung, teilweise mit griechischen oder kyrillischen Aufschriften mit sich, und erklärten, davon mehr zu brauchen. Ich hatte keine Ahnung wo gegen und wie viele, also schickte ich sie alle zur Abklärung zum Arzt.bei ein paar erkannte ich zu meinem Entsetzen, das es sich um Morphium Präparate handelte, deren Besitzer mir glückselig lächelnd mit glasigen Augen erklärten, diese Pillen würden gut helfen.Ich konnte nur hoffen, das in den nächsten Tagen keine Drogenrazzia in der Unterkunft veranstaltet würde.

Vor allem die Kinder erschienen mir fast durchgehend schlecht ernährt und unzureichend gekleidet. Außerdem waren sie herzzerreißend schmutzig. Ich schickte viele zum Kinderarzt. Hierbei half mir eine Liste, auf der Ärzte standen, die ohne Terminvereinbarung geflüchtete Menschen behandeln wollten. Da die Eltern stets die Wörter „Taxi, Taxi" riefen und ich zumindest vorerst keine bessere Idee hatte, wie das Ganze zu managen sei, stellte ich Taxischeine für jeden Patienten aus.

Gegen Mittag beschloss ich eine Pause einzulegen und schloss die Tür ab. Aus dem Funk quäkte es „Sanbereich für Betreuungsleitung" - „Hört", sagte ich in das Gerät und fragte mich, welche Leitungsebene neben der Einrichtungsleitung, dem Wachführer und der Sanbereichsleitung (also mir) wohl nun auf den Plan treten würde. „Bitte einmal die Tür öffnen." Ich ging zur Tür. Vor mir stand eine junge Frau im Dienstpulli des Goldenen Stern. Aus wachen intelligenten Augen sah sie mich an. „Hi, ich bin Monika." „Luc.", gab ich zurück.

„Bock was Essen zu gehen?" Ich hatte am Vorabend die als Kantine umgewidmete Turnhalle kurz gesehen und war nach diesem Vormittag nicht sehr erpicht mit 100 Bewohnern nebst Kindern in dem riesigen Saal, an Bierzeltgarnituren zu sitzen. Sie schien meine Gedanken erraten zu haben. „Wir haben Pizza kommen lassen, du bist eingeladen." Ich schloss ab und folgte ihr in den ersten Stock. In einem ehemaligen Klassenzimmer waren mehrere Schultische zu einer großen Tafelrunde zusammengeschoben worden. An ihr saß eine gemischte Truppe aus jungen Menschen in allen möglichen Uniformen der Hilfsorganisationen.

Obwohl man so tat, als ob alle an einem Strang ziehen, achtete doch jede Organisation penibel auf eigene Uniformen, die sich strikt von denen der anderen unterschieden. Die meistens war es eine wilde Mischung aus Rettungsdienstbekleidung, Militärpullovern und im Falle der sogenannten Ausgehanzüge eindeutig nach Schnittvorlagen ehemaliger Wehrmachtsuniformen gefertigt.

Ansonsten befanden sich, in dem nicht grade kleinen Raum, bis zur Decke gestapelte Bündel bunter Textilien. „Mahlzeit!" - des Deutschen liebster Gruß erschallte. Nach kurzer Vorstellungsrunde ging es an die wagenradgroße Pizza, die so dick mit Käse belegt war, dass sie dem Gemeinschaftsalbtraum eines Magen- oder Herzspezialisten hätte entsprungen sein können. Zwischen zwei Stücken deutete ich leicht kurzatmig auf die Textilbündel im Hintergrund. „Was hat das denn mit dem ganzen Geraffel auf sich?“, fragte ich Monika. Sie verdrehte die Augen, ein allgemeines Stöhnen folgte. „Als die ersten Flüchtlinge in unserer Stadt eintrafen, haben unsere Häuptlinge eine Pressekonferenz abgehalten. Irgend Jemand fragte dann, was die Menschen wohl am dringendsten benötigen würden und euer Genie von Chef sagte aus irgend einem düsteren Grund 'Handtücher'.“ „Handtücher?“, wiederholte ich fragend. Sie sah mich an, als wäre ich gemeingefährlich dumm. „Ja, Handtücher. Und am nächsten Tag stand in der Presse: „Flüchtlinge brauchen Handtücher“. Seither kommen Bürger zu unseren Einrichtungen und geben bündelweise Handtücher ab. Hunderte, Tausende.“ „Und was macht ihr damit? Das reicht doch mindestens, um für jeden Deutschen eine Strandliege auf Malle zu reservieren.“ Monika lachte. „Na, siehste doch, einlagern. Und wenn dieser Raum voll ist, abschließen und den nächsten befüllen.“

Man kann über die Deutschen sagen was man will, aber eines sind sie gewiss - gute Handtuchspender.

Königreiche

Ich lernte in den nächsten Tagen noch eine Menge unterschiedliche, mehr oder weniger hilfsbereite Helfer der verschiedenen Organisationen kennen. Da die jeweiligen Einrichtungsleiter (Setzer war da keine Ausnahme) im Wesentlichen nichts anderes taten, als hinter Leuten her zu telefonieren, damit auf den Dienstplanlisten pro Forma immer genug standen, blieb die Organisation im Großen und Ganzen sich selber überlassen. Wie immer in solchen Situationen bildeten sich schnell kleine Königreiche, deren Herrscher ihr Territorium eifersüchtig verteidigten und wenn immer möglich, vergrößerten.

Es gab da den Herrn der Hygienemittel, einen abgebrochenen Studenten von den Rhodesiern, der immer so gegen Mittag auftauchte. Er verschwand dann umgehend in einem Kabuff wo sich stapelweise Duschgels, Zahnpasta und Einmalwaschlappen häuften, die er in unregelmäßigen Abständen an Bewohner herausgab. Da die freigiebigen Bürger eifrig spendeten, kamen nebst den von der Regierung zur Verfügung gestellten Mitteln, auch ein buntes Sammelsurium von Luxusseifen, die immer noch in den Cellophan Hüllen längst vergangener Weihnachtsfeste vor sich hin dufteten, Rasierwasser, Bodylotionen und Schönheitscremes und in einem Fall sogar eine Munddusche, deren ehemaligen Besitzer von diesem Niveau der Mundhygiene wahrscheinlich überfordert war, zusammen. Nachdem er irgendwann nicht mehr auftauchte, stellten wir fest, dass zu den gehorteten Schätzen auch ein gespendeter Karton einer Parfümeriekette mit Badebomben gehörte, deren Farbgebung eindeutig einen lang anhaltenden, vielleicht nie endenden Drogenrausch im heimischen Whirlpool verhieß.

Vielleicht hatte der Typ sich mit einem reichlichen Vorrat davon abgesetzt, was zumindest eine Erklärung für sein Verschwinden gewesen wäre. Aber niemand fragte je nach.

Dann war da die Kuchenfee. Sie half in einer Bäckerei aus, und schleppte regelmäßig palettenweise Kuchen und Torten vom Vortag an, welche sie, immer von tumultartigen Szenen begleitet, an die Menschen verteilte, bis wir diesem Treiben Einhalt geboten.

Warum?

Haben sie jemals im Fernsehen eine von diesen altmodischen Komödien gesehen, in denen sich die Protagonisten gegenseitig Sahnetorten ins Gesicht schmeißen?

Darum!

Regelmäßig kam die Kindergärtnerin, die einen Raum, Spielstube genannt, beaufsichtigte. Sobald sie erschien, kamen alle Kinder, Jugendliche und ich vermute auch ein paar kleinwüchsige Erwachsene zu ihr gestürmt, und belagerten sie, bis sie die Spielstube aufschloss. Dann, wenn der Raum so gefüllt war wie ein japanischer U-Bahnwaggon zur Rush Hour, schloss sie die Tür und es wurde mucksmäuschenstill. Wir haben nie erfahren, was in den nächsten Stunden dort vor sich ging, aber man hörte kein Wort. Es war gespenstisch. Nach exakt zwei Stunden öffnete sich die Tür und die Meute verließ still, aber sichtlich zufrieden die Spielstube, um sich wieder an das Tagesgeschäft, der lautstarken Zerstörung des Mobiliars, zu machen.

Außerdem gab es noch den stummen Nachtwächter der Leviten, der stets nach einer kurzen Begrüßung, die aus einem beifälligen Nicken bestand, in dem Bereitschaftsraum des Betreuerteams verschwand und den Rest der Nacht nicht mehr gesehen wurde. Als ein Sicherheitsdienstmitarbeiter ihn eines Nachts anfunkte und nachdem keine Antwort kam, er in den Bereitschaftsraum ging, saß der Nachtwächter in kompletter Dienstkleidung, inklusive Springerstiefeln, kerzengerade auf einem Stuhl und starrte die Wand an. Da er auf Ansprache nur mit jenem bekannten Nicken reagierte, schloss der verstörte Sicherheitsmann wieder die Tür und verbrachte eine unruhige Nacht in der Gewissheit, dass nur zwei Zimmer weiter jemand saß, der wahrscheinlich von einen Ort mit sehr hohen Mauern entkommen war.

Natürlich war auch unser Sanitätsbereich eine eigene Welt. Da wir - zumindest vorerst – keine neuen Bewohner bekamen, ebbte die Welle akuter Fälle allmählich ab. Meine Kolleginnen und Kollegen waren eine durchwachsene Gruppe. Da man im Sanitätsbereich nur mit einer (wenn auch sehr niedrigen) Mindestqualifikation arbeiten durfte, waren die Voraussetzungen Ordnung in das Durcheinander zu bringen etwas besser als bei den

Betreuern, die sich um die alltäglichen Bedürfnisse der Bewohner kümmern mussten und keinerlei wie auch immer geartete formale Qualifikation brauchten.

Das Prinzip, das diejenige Person mit der höchsten Qualifikation das Sagen hatte, machte mich automatisch zum Leiter dieser Abteilung, da ich die Spitze der Fahnenstange darstellte. Ein weiterer Kollege, Sven von den Leviten war zwar Arzt, hatte aber in Österreich studiert und war in Deutschland noch nicht anerkannt. Mit ihm zusammen machten wir uns an die Arbeit, das Ganze zu strukturieren. Zunächst einmal legten wir anhand der Kriterien des Flüchtlingshilfswerks der

Vereinten Nationen die Standartprozeduren, wer mit welchen Beschwerden wie zu behandeln war fest. Dabei kamen mir seine ausgezeichneten Kenntnisse von Organisationsstrukturen in der Katastrophenhilfe zu pass.

Er war ein hochgewachsener Mann, der eine natürliche Autorität ausstrahlte, aber stets höflich und ganz und gar uneitel war. Abgesehen von seiner seltsamen Vorliebe für Katastrophen, die er - zumindest die der letzten 50 Jahre - jeweils mit Ort, Opferzahl und Art des Ereignisses aufzählen konnte, wobei er nie vergaß, die stattgefundenen Hilfsmaßnahmen kritisch zu beleuchten, war er ein kompetenter und angenehmer Gesprächspartner.

Als wir nach einigen Tagen das Wichtigste in ein Konzept geschrieben hatten, und dieses Knüllenbrink, der zufällig grade Dienst hatte, vorlegten, nahm dieser jenes ohne einen Blick hineinzuwerfen entgegen und sagte lediglich: „Wenn ihr meint das klappt, macht das so." Seither beriefen wir uns bei der Durchsetzung unserer Ideen in jedem Fall auf die Einrichtungsleitung, die das alles abgesegnet hatte und es kehrte etwas mehr Ordnung ein. Selbst Manu stellte seither nur noch Behandlungsscheine und Taxischeine aus, wenn sie nicht wenigstens einen flüchtigen Blick gemäß der Verfahrensanweisungen auf ihre Patienten geworfen hatte.

Sicherheitsdienst

Ein von allem anderen unabhängiger Bereich war der Sicherheitsdienst.

Schon der Name lässt an jene Institution denken, den die nimmermüden Unmenschen von der SS geschaffen hatten, um ihre monströsen Mordpläne in die Tat umzusetzen. Die nicht eben wortreiche deutsche Sprache lässt aber kaum Alternativbezeichnungen für das zu, was moderne Sicherheitsdienste - die ich selbstverständlich in keiner Weise mit jenem unglückseligen historischen Wortbezug in Zusammenhang bringen möchte - zu leisten haben: Sicherheit für Objekte und Menschen zu gewährleisten. Und das als bezahlte Dienstleistung.

Im öffentlichen Leben ist dafür die Polizei zuständig, aber hier muss ich gleich eine Relativierung vornehmen. Denn in nicht öffentlichen Einrichtungen ist diese nur dann zuständig, wenn sie dazu aufgefordert wird oder es um die Verfolgung von Straftaten geht. Die innere Ordnung ist Sache des Betreibers, in unserem Falle des Landes. Und das stellte für seine Flüchtlingseinrichtungen private Sicherheitsunternehmen ein. Die Aufgaben dieser Unternehmen waren, neben der Zugangskontrolle und der Brandwache, auch die Unterstützung der Einsatzkräfte bei der Schlichtung interner Streitigkeiten und die Durchsetzung der Hausordnung. Die Unternehmen waren angewiesen, dabei im Tagesgeschäft den Weisungen der Einrichtungsleitung zu folgen. Wo diese, wie in unserem Fall, ihre Aufgabe eher symbolisch wahrnahm, konnten sie ihre Kompetenzen beliebig erweitern, sofern sie damit keinem anderen Königreich in die Quere kamen. Ich räume gerne ein, dass dieses oft zum Vorteil aller geschah, sofern die

Mitarbeiter dieser Unternehmen wussten was sie taten, was bei den meisten der Fall war.

Um bei einem Sicherheitsunternehmen zu arbeiten bedarf es - je nach Aufgabe - unterschiedlicher Voraussetzungen. Lassen Sie mich hier einige extreme Beispiele von leider immer wieder dort anzutreffenden Typen vorstellen, zumindest wenn ich ihnen Stellenangebote schicken müsste:

Die Elenden

Sie erfahren grade, dass Ihnen die Arbeitsagentur die Stütze zusammenstreicht, während Ihre Frau dabei ist mit allem Wertvollen die Wohnung für immer zu verlassen und Sie mit dem kranken Pudel (der sie noch nie leiden konnte) zurücklässt? Ihr Unternehmen, für das Sie 30 Jahre lang aufopferungsvoll geschuftet haben, macht kurz bevor Sie befördert werden sollen dicht, um seinen Firmensitz nach Paschtunistan zu verlegen? Dann gehören Sie zu den Elenden, die beim Sicherheitsdienst arbeiten müssen. Den Rest ihres Lebens werden Sie nun Schlagbäume im Nirgendwo, Parkplätze, die sehr weit von der Innenstadt entfernt liegen, oder Baustellen, an denen einmal im Monat eine rumänische Arbeitskolonne vor sich hin werkelt, bewachen. Da Sie zu den Elenden gehören, haben Sie es in ihrer Arbeitsumgebung ausschließlich mit anderen Elenden zu tun, die von Ihrem Leid nichts hören möchten, weil sie selber genug Scheiße am Hacken haben. Also bleibt Ihnen nichts anderes übrig, als der automatischen Parkschranke beim Öffnen und Schließen zuzusehen und sich zu Tode zu rauchen.

Die Hohlen

Ihre Schulzeit war eigentlich ganz ok, aber alles, was zwischen den großen Pausen geschah, war für Sie zutiefst verwirrend und verstörend? Sie lesen regelmäßig Zeitung, aber nur den Teil, in dem die Buchstaben größer als 30 cm sind? Sie wollten eigentlich zur Bundeswehr, haben aber den Weg dorthin nicht gefunden? (Trotz Navi: „Ok Google, bring mich zur Bundeswehr!") Dann willkommen beim Sicherheitsdienst!

Im Gegensatz zu Ihren Kollegen von den Elenden sind Sie jedes Mal gespannt und freudig erregt, wenn sich die Schranke nach dem Öffnen wieder schließt.

Die Pseudocops

Seit frühester Jugend war Ihr sehnlichster Wunsch Polizist zu werden. Niemand in Ihrer Pfadfindergruppe konnte so cool mit zwei ausgestreckten Fingern die Bewegung nachahmen, mit der Fernsehpolizisten mit ihren Waffen eine Verfolgungsjagd krönen. Mit ineinandergelegten Handflächen, ausgestrecktem Zeigefinger und dem Ruf „ En-wei-pi-die, Waffen runter" kamen Sie prompt um die Ecke gestürmt. Leider hat diese Fähigkeit bei der Einstellungskommission für den Polizeidienst des Landes nicht den gewünschten Eindruck hinterlassen. Sehr wohl aber beim Sicherheitsdienst, wo man Sie mit offenen Armen empfing. Seither ist Ihr Leben von aufregenden Nachtpatrouillen durch abgeschlossene Einkaufszentren, nervenzerfetzenden Observationen von geparkten Autos auf dem Parkdeck und dem hochriskanten Kontrollieren von Veranstaltungsbändchen bei Musikfestivals geprägt. Manchmal werden Sie sogar ohne Ihre stets makellose Uniform Undercover eingesetzt, um die Kollegen zu überprüfen, die weit entfernte Schlagbäume bewachen. (Das Zielobjekt stellt sich in seiner Pförtnerkabine schlafend, setze die Überwachung fort, Over", flüstern Sie dann diskret ins an ihrem kanadischen

Holzfällerhemd unauffällig angebrachte Mikrofon, dessen Kabel in Ihrer Hosentasche endet.)

Jedes Mal schreiben Sie lange Berichte über diese Ereignisse an Ihre Vorgesetzten und erzählen dann die Heldengeschichten in Ihrem rasch schrumpfenden Freundeskreis.

Die Schweinebacken

„Yippi Yah Yeh, Schweinebacke" ist der Lieblingsspruch eines Actionheld, nachdem er einen Bösewicht zur Strecke gebracht hat. Sie sind eine Schweinebacke, gerissen, cool, durchtrainiert und jederzeit bereit, ihre Ziele auch mit Gewalt durchzusetzen. Jede Gelegenheit nutzen Sie, um einen der lockeren Sprüche, die Sie beim Konsumieren ungezählter Actionfilme gelernt haben, an den Mann (oder noch besser Frau) zu bringen. Durch Ihre Körperhaltung und Ihr Auftreten machen Sie klar, dass Sie nichts anbrennen lassen, weder im Dienst noch privat. Ihre Stimme ist markig und selbstbewusst, wie geschaffen für die Ansprachen, die man in Ihrem Job nun mal machen muss. „Du kommst hier nicht rein! Ihren Firmenausweis bitte! Öffnen Sie diese Tasche!" Sobald Ihr Lieblingsheld auch dafür blöde Sprüche findet, werden Sie diese so schnell wie möglich lernen und an den Mann (oder genauer gesagt Frau) bringen. Wenn da nur nicht in letzter Zeit diese juckenden Bläschen im Genitalbereich wären... Vielleicht sollten Sie doch mal zum Arzt gehen.

Die Paranoiker

Zombies greifen die Menschheit an? Die Weltverschwörung der Sinisteren hat das öffentliche Leben lahmgelegt? Die Wikinger ziehen marodierend umher? - Kein Problem, auf diese Momente haben Sie nur gewartet. Schon allein in Ihrer Uniform befinden sich mehr Gegenstände, als Mac Gyver aus einer Büroklammer herstellen könnte. Ganz zu schweigen in Ihrem Auto. Werkzeugsets in Taschenformat, mit denen man nötigenfalls eine Atombombe entschärfen könnte, Lampen deren Leuchtkraft die eines Flakscheinwerfers überstrahlt, Kabelbinder und Kommunikationsgeräte aller Art führen Sie privat und im Dienst (was für sie praktisch das gleiche ist) bei sich. Ihr Hund ist selbstverständlich als Wachhund, Drogenspürhund und Kampfpilot für eine Sopwith Camel ausgebildet.

In Ihrem Keller befinden sich Notvorräte für den Fall, dass Sie die Besatzung eines gestrandeten Flugzeugträgers mehrere Monate durchfüttern müssten. Seit der Scheidung von Ihrer Frau können Sie im Schlafzimmer ungestört die 12 Überwachungsmonitore im Auge behalten, welche die Bilder der überall an Ihrem Haus angebrachten Kameras (natürlich auch im Nachtsichtmodus) übertragen. Schade, dass Sie das Haus von Zeit zu Zeit verlassen müssen, um das Geld für den Unterhalt zu verdienen. Aber sobald Sie Ihr Auto besteigen, fühlen Sie die im Sitzpolster eingenähte Machete an Ihrer Seite und lächeln. Auf geht's zum Sicherheitsdienst!

Die Normalen

Langweiliger Weise gibt es da auch noch die Normalen und Vernünftigen, die gewissenhaft und mit Verstand ihren Dienst verrichten, und das sind, wie schon erwähnt, ein Großteil der Beschäftigten. Gottlob rekrutiert sich das Führungspersonal zumeist aus dieser Gruppe und diese müssen dann die undankbare Aufgabe übernehmen, die oben beschriebenen Kollegen halbwegs unter Kontrolle zu halten. Normal und vernünftig zu sein kann in dieser Welt verdammt anstrengend sein!

Besuchstag

Normalerweise ist es Besuchern nicht gestattet, eine Flüchtlingseinrichtung zu betreten. Zum einen soll damit die Privatsphäre der geflüchteten Menschen geschützt werden. Mit mehreren Familien in ehemaligen Klassenzimmern, Turnhallen oder ähnlichem untergebracht zu werden, ist eh schon ein starker Eingriff in die Menschenwürde. Außerdem braucht kein Mensch Gaffer, die Elendsbilder zum Vergnügen in die Welt Posten. Zum anderen sind viele Menschen auf engem Raum immer auch ein Sicherheitsproblem. Deswegen sind strikte Regeln, wie Alkoholverbot in der Unterkunft, Verbot von gefährlichen Gegenständen, die als Waffe gelten könnten und Weiteres erforderlich. Der Sicherheitsdienst führt daher unter anderem Eingangskontrollen durch.

Umso überraschter war ich, als eines Nachmittags die Tür zum Sanitätsbereich aufging und eine große Gruppe Menschen in den Raum drängte, die offenbar keinen unmittelbaren Fluchthintergrund besaßen. Zuerst kamen Knüllenbrink nebst den anderen Einrichtungsleitern herein. Sie trugen alle ihre jeweiligen Ausgehuniformen, die sämtlich vom Schnitt her von Hugo Boss („Parteiausrüster seit 1924") gemacht zu sein schienen, trotz ihrer farblichen Unterschiede.

Dahinter kam eine Gruppe von Leuten, die ich bislang noch nicht kannte, aber wenigstens anhand ihrer Uniformen zuordnen konnte. Angeführt wurde die Schar von einem wild gestikulierenden Mann in Martiner-Uniform. Er hatte wirres zu allen Seiten hin abstehendes Haar, das er sich regelmäßig zu raufen schien. Sein auffälligstes Merkmal waren jedoch seine Augen. Während das eine auf einem Punkt zu ruhen schien, blickte sich das andere unabhängig davon einen anderen Punkt an, wie bei einer bekannten Figur aus dem Harry-Potter-Universum. Später erfuhr ich, dass man in Deckung gehen sollte, wenn sich beide Augen in dieselbe Richtung wandten, dann war er im Jagdmodus.

Hinter ihm ging - oder besser watschelte – der dickste Mensch, der je eine Leviten Uniform getragen hatte. Sein Leib bestand Quasi aus einer Lawine menschlichen Fleisches, auf der ein viel zu kleiner Kopf thronte.

Dahinter, quasi als Kontrast, eine schmale blonde Frau in der Uniform der goldenen Sonne, die aussah, als habe sie 1962 zum letzten Mal gelacht.

Zum Schluss ein Mann in der mausgrauen Rhodesier-Uniform, dessen Gesichtszüge und Habitus so unauffällig waren, dass er wie ein Chamäleon mit seinem jeweiligen Hintergrund zu verschmelzen schien.

Im Gefolge ein paar Lokalreporter, die anhand ihrer Kameras und Alkoholfahnen leicht zu identifizieren waren.

„Hier ist unser Sanitätsbereich", sagte Knüllenbrink mit einer ausladenden Armbewegung. „Wir Leisten hier alles, was Notwendig ist, um eine optimale medizinische Versorgung zu gewährleisten." Er wedelte mit ein paar gebundenen Blättern, die ich als das Konzept erkannte, das Sven und ich ihm vor ein paar Tagen gegeben hatten. „Ich habe das alles strukturiert und verschriftlicht, davon kann man in Zukunft gemeinsam profitieren." „Machst du doch grade schon", ging es mir durch den Kopf. Der Typ in der Martiner Uniform kam auf mich zugeschossen. „Ah, wie ich sehe, haben wir auch von unserer Akademie kompetente Hilfe." Er drückte mir die Hand und sah mich, sowie den Infusionsständer zwei Meter neben mir an. „Heinrich Meyer zum Hofe, Oberbezirksgeschäftsführer", stellte er sich vor. Noch ehe ich was erwidern konnte, äußerte sich der voluminöse Levit. „Gibts hier nichts, womit man ein Pressefoto machen kann?", schnaufte er, während er sich ein paar Schweißperlen von der Stirn wischte und auf einem Untersuchungstisch Platz nahm. „Haben Sie hier keine Fälle?", quengelte die Dame von der goldenen Sonne. Knüllenbrink sah mich finster an. „Was ist das denn hier, die Leiter der Hilfsorganisationen kommen und nichts los?" Ich zuckte mit den Schultern. Hatten die erwartet, dass wir hier grade eine Herzverpflanzung durchführen? Knüllenbrink übernahm die Initiative. „Ich regle das!" Schon wandte er sich an die Reporter, die lustlos umher standen. Leg dich mal da auf die Liege, befahl er meiner Kollegin die zufällig auch von den Martinern war. Er nahm eine Infusion von einem der Tische und hängte sie an den Infusionsständer. Dann breitete er eine goldfarbene Rettungsdecke über meine Kollegin aus, bis nur noch ihre dunkle Pferdeschwanzfrisur oben herausschaute. „Fertig", verkündete er, „darf ich die Herrschaften bitten sich zu einem Foto aufzustellen?" Die angesprochenen traten an die Liege. „Nein alle auf eine Seite", rief einer der Reporter. Als sie alle an einer Seite versammelt hatten, drückte Knüllenbrink jedem von ihnen ein Stethoskop oder einen anderen medizinischen Gegenstand in die Hand. Ich merkte, dass mein Mageninhalt hochstieg und musste mich setzen. Die Kameras summten. Am nächsten Tag sah man in der Lokalpresse ein Bild, wie sich die Leiter der Hilfsorganisationen über ein, in eine Rettungsdecke gepacktes, Bündel Mensch mit verschiedenen Instrumenten zu schaffen machten, dabei aber direkt in die Kamera sahen. Darunter die Bildunterschrift „Gemeinsam für Flüchtlinge! Hilfsorganisationen kümmern sich gemeinsam um medizinische Versorgung." Im Hintergrund rechts hatte es

Knüllenbrink geschafft, aufs Foto zu kommen. Er grinste in die Kamera wie ein Honigkuchenpferd. Mir kam beinahe das Frühstück hoch, als ich später das Foto sah.

Lagerfähig

Die durchschnittliche Verweildauer von Menschen in einer Notaufnahmeeinrichtung für Flüchtlinge sollte eigentlich nur wenige Tage, maximal zwei Wochen betragen. Während rings um uns herum die Flüchtlingsströme anschwollen, lebten wir auf einer Insel der Seligen. Seit acht Wochen hatten sich im wesentlichem keine Veränderungen bei den Bewohnern ergeben. Mit der Zeit kannte jeder jeden und da es sich mehrheitlich um Menschen aus derselben Weltgegend, dem Kosovo, handelte, blieben bis auf ein paar übliche Reibereien untereinander größere Spannungen aus. Die Bewohner waren weitgehend mit allen Dingen des alltäglichen Bedarfs versorgt. Auch die medizinische Versorgung lief in geregelten Bahnen. Nur bei der Behandlung der zahlreichen Zahnprobleme wurde außer in akuten Fällen und bei Schmerzen keine langfristigen Behandlungen angefangen. Und mit viel Geduld und Zeit konnte man sogar bei den Kindern erfreuliche Gewichtszunahmen und eine bessere Bekleidung vermelden. Aber so ruhig und geregelt sollte es nicht bleiben. Eines Morgens rief uns der Einrichtungsleiter von der goldenen Sonne, ein Buchhalter, den man kurzerhand zum Einrichtungsleiter befördert hatte, zusammen. Am Tisch saßen der Wachführer des Sicherheitsdienstes, Monika als Leiterin des Betreuungsdienstes und ein Herr vom Cateringunternehmen. In den ersten Tagen hatten die Hilfsorganisationen die Verpflegung mithilfe von Gulaschkanonen selbst organisiert. Aber aus Kapazitätsgründen, man konnte die größtenteils ehrenamtlich arbeitenden Feldköchinnen und Köche nicht auf Dauer schuften lassen, hatte die Regierung nach ein paar Tagen einen professionellen Cateringdienst unter Vertrag genommen. Morgens und abends bekamen die

Bewohner Brot und Aufstrich, Mittag eine warme Mahlzeit. Dieses Unternehmen war im Osten der Republik beheimatet, und daher hatte man kurzerhand die Traditionen realsozialistischer Einheitsverpflegung übernommen. Vor allem die Sättigungsbeilagen waren den Schwerstarbeiterrationen angepasst, die Helden der sozialistischen Arbeit zur Übererfüllung des Plans anfeuern sollten. Außer dem beschäftigte man in der Küche einen hauptberuflichen Entwürzer, der den Mahlzeiten vor der Fertigstellung jeden Geschmack entzog.

Auch der Reinigungsdienst war professionalisiert worden, aber angesichts der ständig rein und raus laufenden Menschen hoffnungslos überfordert. Im Grund lief das ständige Wischen darauf hinaus, den Dreck gleichmäßiger zu verteilen.

„Wir bekommen neue Bewohner", verkündete der Einrichtungsleiter. „Die bisherigen werden in kommunale Einrichtungen verlegt." „Was bedeutet das?", fragte Monika besorgt.

„Na hier in den Notaufnahmen und Erstaufnahmen ist das Land zuständig, aber für die dauerhafte Unterbringung werden die Leute in die Gemeinden verteilt, da sind die dann verantwortlich", dozierte er. „Kontrolle und Aufsicht aller Landeseinrichtungen hat die Bezirksregierung, die jeweilige Kommune hat da nichts zu melden. Sobald mehr Menschen ankommen, als Plätze der Regierung vorhanden sind, müssen die Kommunen die Menschen aufnehmen. Das System wird grade verfeinert." „Was ist unsere Aufgabe?", fragte der Sicherheitsmann. „Die Bewohner werden morgen früh in die Gemeinden ins Umland geschickt, das nennt sich Transfer. Jede Familie, deren Namen und Herkunft registriert ist, bekommt dafür ein Transferticket zugewiesen. Bis dahin bleiben die Leute in den Notunterkünften. Unsere Aufgabe besteht darin, in Zukunft die Menschen so schnell wie möglich mit einem solchen

Transferticket auszustatten. Dazu müssen sie zu einer zentralen Registrierstelle gebracht werden, die grade auf einem ehemaligen Militärflughafen vor den Toren der Stadt errichtet wird. Der Druck von oben wächst. Wie ihr alle den Nachrichten entnehmen konntet, kommen immer mehr Menschen." Er deutete auf einen Stapel von gebundenen Kladden, die mit dem Landeswappen bedruckt waren, vor sich. „Hier drinnen findet ihr die für euren Bereich entsprechenden Verfahrensanweisungen. Lest euch alles gut durch." In meinem Fall enthielten die Instruktionen einen Part, der die „nicht ärztliche Vorsichtung" betraf. Dort hieß es, dass jede ankommende Gruppe, sofern kein Arzt vorhanden war (was in allen von mir beobachteten Aufnahmen der Fall war), von nicht- ärztlichem medizinischen Personal gesichtet werden sollte. Personen mit Fieber, Durchfällen und Erbrechen sowie sichtbaren Hautausschlägen sollten getrennt von den anderen untergebracht und einer medizinischen Behandlung zugeführt werden sollten.

Dadurch sollte entschieden werden, wer „lagerfähig" sei. Dieses Wort sollte mir noch lange Kopfzerbrechen bereiten - war ich überhaupt lagerfähig?

Anprobe

Stellen Sie sich mal vor, Sie gehen auf eine ausgedehnte Urlaubsreise. Sie haben in Ihre Koffer alles gepackt, was Ihnen nützlich erscheint, vielleicht noch was Schickes für den Abend, Regenkleidung für alle Fälle und natürlich für die Kinder Spielzeug, Bücher und ein paar Spiele für gemeinsame Abende. Am Gepäckband beobachten Sie nun, wie gutgelaunte Mitreisende einen Koffer nach dem anderen vom Gepäckband wuchten. (Ist ihnen schon mal aufgefallen, dass es nur wenige spannendere Momente gibt, als auf den Ausgabetrichter des Gepäckbandes zu starren, während er ein Gepäckstück nach dem anderen aus den Innereien des Flughafens herauswürgt?) Sie stehen zuletzt ohne Gepäck einsam wie ein Ex-SPD Vorsitzender auf einem Parteitag in der leeren Halle. Natürlich rufen Sie die Fluggesellschaft an, schreien Zeter und Mordio und dürfen sich dann auf deren Kosten ein paar Kleidungsstücke bis zur Klärung des Aufenthaltsortes Ihrer Koffer beschaffen. Nach ein paar Tagen - es hilft nichts - müssen Sie sich mit der Tatsache anfreunden, dass Ihre Sachen einen flotten Urlaub in Ostsibirien verbringen, während Sie auf Gran Canaria hocken. Einerseits stellen Sie nun fest, mit wie wenig Sachen es auch geht. (Der Scheck der Fluggesellschaft wurde schnell in der nächstbesten Boutique verbraten.) Andererseits beneiden Sie all die anderen Gäste, die abends wie aus dem Ei gepellt über die Strandpromenade schlendern, während Sie feststellen, dass ihr 120 Euro Strandkleid nach jeder abendlichen Wäsche im Hotelwaschbecken immer mehr die Formen eines Vorzeltes annimmt.

Verstehen Sie mich richtig, Menschen auf der Flucht mit Urlaubern zu vergleichen, ist falsch, geschmacklos und durch und durch niederträchtig. Aber was ich Ihnen zu vermitteln versuche ist, dass Kleidung in der Fremde einen noch anderen emotionalen Wert, von allen praktischen Überlegungen ganz zu schweigen, besitzt als anderswo. Kleidung drückt einen sozialen Status aus, gibt Geborgenheit, schützt vor den Unbillen der Witterung und ist Teil der kulturellen Identität. An der Kleidung erkennt man oft den sozialen Status und die Herkunft des Trägers. Kleidung verleiht Würde (in manchen Fällen auch das Gegenteil)

Die Deutschen besitzen im Durchschnitt 115 Kleidungsstücke, egal ob Baby oder Greis, was bedeutet, dass etliche weitaus mehr besitzen. Dazu kommen im Schnitt pro Jahr etwa 60 neue hinzu. Damit sich die Wohnungen nicht in kurzer Zeit in begehbare Kleiderschränke verwandeln, muss also regelmäßig ausgemistet werden. Dabei trennt man sich logischerweise eher von Fehlkäufen und ungeliebten Sachen, die man in einigen Momenten der geistigen Unzurechnungsfähigkeit erworben hat. Der Aufruf der Hilfsorganisationen, Kleidung für geflüchtete Menschen zu spenden, war als ob man jenen legendären holländischen Jungen Hans Brinker gebeten hätte, den Finger aus dem Loch im Deich zu nehmen, welches er bisher auf diese Weise gestopft hatte, um seine Heimatstadt vor dem Untergang zu bewahren.

Die Menschen kamen, zu Fuß mit Handkarren, Fahrrädern, Familienkutschen und schleppten Unmengen Kleidung an. Dabei war die Auswahl in den seltensten Fällen nach den Bedürfnissen der Bedürftigen getroffen.

Da waren zunächst einmal Kollektionen nach dem Motto: „Oma ist ja nun tot..."

Damenmode aus den 50ern und 60ern, mit jedem Jahrzehnt einige Konfektionsgrößen weiter. Pelzmäntel nebst Pelzmützen, die aussahen, als ob ihre Trägerinnen russische Großfürstinnen gewesen wären. Alles mit strengen Mottenpulvergeruch und einem Hauch 4711.

Tote Opas brachten meist Herrenkleidung in Übergrößen, Hosen deren Dehnbund ausreichend war, um damit Fahrräder als Regenschutz abzudecken. Jacketts oder Anzüge, an denen noch Reste des Büfetts von der goldenen Hochzeit zu sehen waren, als ihre längst verstorbenen Träger zuletzt hineingezwängt worden waren. Strickjacken, die aussahen, als habe man einem toten Kamel die Haut abgezogen und ein paar Knöpfe an das Ganze genäht (einem sehr großen Kamel). Lodenmäntel, die selbst in Österreich als modischer Fauxpas gegolten hätten. Und es roch immer nach kaltem Zigarrenqualm und Altmännerpipi

Der Normalbürger kam häufig mir den Modeirrtümern vergangener Jahre an. Jeanshosen, die ohne die Hilfe eines Gleitmittels niemandem an-, geschweige denn wieder auszuziehen waren. Shirts und Damenblusen mit Strasssteinchen und Pseudo-Swarovski Applikationen. Sportkleidung im Design längst vergessener Weltmeisterschaften. Jacken und Mäntel, die selbst spindeldürre Menschen wie eine zu breit geratene Kopie des Michelin-Männchens erscheinen ließen, und Pullover mit Mustern, die man normalerweise nur sieht, wenn man sich zu lange und feste die Augen gerieben hat.

Bei Kindersachen wurde es noch kurioser. Haufenweise Elfen und Ballerina Kostüme für kleine Mädchen, die dem schwitzigen Begehren von Pädophilen keine Wünsche offenließen. Tarnanzüge für kleine Jungs (... geht's noch? Wer ist da gestörter, die Hersteller oder die Käufer?) Star Wars, Disney oder sonstige „coole Klamotten", deren billig aufgedruckte Bilder aussahen, als ob jemand versucht hätte zwei verschiedene 1000-Teile Puzzle auf eine Kinderpullover zu kleben. Kinderanoraks und Jacken, deren Reißverschlüsse sich wahlweise nicht öffnen oder schließen ließen. Dazu jede Menge Sportkleidung mit wahlweise den Vereinswappen der großen Bundesligaklubs sowie Name und Rückennummer des Lieblingsspielers oder Trikots lokaler Vereine. Da diese ihre Vereine aber öfter wechseln als Prinz Andrew seine Gespielinnen, werden zum Entzücken der Sportartikelbranche diese Trikots in kürzester Zeit wertlos.

Zuletzt noch Kuriosa, wie Bauchtanzkostüme, Reizwäsche für Frauen und Männer (Uh!), T-Shirts, deren Aufdruck die Träger entweder als alkoholkrank („Bier formte diesen schönen Körper"), Triebtäter („I Fuck on first Dates") oder Volldeppen („Ich bin stolz ein Deutscher zu sein!") outeten. Dazu dann noch Ungewaschenes, Überlagertes, Zerrissenes oder notdürftig Geflicktes und in einigen, wenn auch seltenen Fällen, vorsätzlich mit Kot Verschmiertes.

Das meiste davon viel zu groß oder zu weit oder beides.

Wir mussten bis zuletzt immer ca. 80 Prozent der Kleiderspenden entsorgen. Das führte absurderweise dazu, dass wir trotz dieser riesigen Mengen gespendeter Kleidung stets zu wenig von dem hatten, was man den Geflüchteten auch zumuten konnte und was natürlich auch halbwegs passte.

Familienbande

Der Bus auf dem Schulhof war geradewegs aus dem Jahre 1988 zu uns gefahren. Anders als der Delorean aus „Zurück in die Zukunft“ hinterließ er keine schnittige Flammenspur, sondern stieß übelriechende Rußwolken aus. Wir hatten zur Ankunft der neuen Bewohner alles vorbereitet. In der Turnhalle (Kantine) standen warmer Tee, belegte Brote und Obst bereit. Monika hatte einen provisorischen Belegungsplan für die Zimmer, deren Bewohner gestern abgereist waren erstellt und die Betreuungshelfer hatten Bettwäsche und Handtücher zu ordentlichen Stapeln zusammengelegt. Zwei Busse mit 90 Menschen an Bord waren angekündigt worden, der erste, einst der ganze Stolz der VEB Verkehrsbetriebe Karl-Marx-Stadt, stand nun vor uns.

Florian Setzer stand als Einrichtungsleiter vom Dienst neben mir. „Geh rein“, stieß er mich an, „und mach die Vorsichtung“. Als die Tür sich stöhnend öffnete, ging ein Raunen durch die Insassen. Ich stieg ein und fragte erst auf Deutsch und englisch, dann auf russisch ob jemand krank sei, Fieber, Erbrechen oder Durchfall habe oder in den letzten 24 Stunden hatte. Niemand meldete sich. Als ich schon gehen wollte, rief ein Mann aus der mittleren Sitzreihe „Transfer, Transfer! Gashi Transfer!“ Er war ein schmächtiger Mann mit schwarzem Oberlippenbart, der genau wie sein ganzes Gesicht ständig in Bewegung war. Der schien aufgeregt und deutete auf ein paar Zettel in seiner Hand. „Transfer! Gashi Transfer!“, rief er erneut. „Kein Transfer, erst mal bitte alle aussteigen“, sagte ich an alle gewandt. Die Leute wurden in die Turnhalle geleitet. Dort baten wir sie, sich in Familiengruppen an die Tische zu setzen. Und das Chaos begann. Es war, als hätten wir ein paar Kisten mit besonders gefährlich aussehenden Schlangen in die Halle gekippt. Alle versuchten sich gleichzeitig in eine Ecke des Raumes zu drängeln und da der zweite Bus mittlerweile auch eingetroffen war, vergrößerten die Neuankömmlinge das Chaos. Zuletzt standen in einem Pulk beinahe 100 Menschen, Jung und Alt in einer Ecke und riefen „Familije", was wohl auch ohne Albanisch Dolmetscher zu verstehen war. Nur der Mann von vorhin rief: „Transfer, Gashi Transfer." Damit hatten wir nicht unbedingt gerechnet. In unserer Naivität hatten wir einen klassischen, interkulturellen Fehler begangen, indem wir unseren Familienbegriff auf Menschen anderer Kulturen anwendeten.

Noch in meiner Jugendzeit in den 60ern und 70ern war die Definition von Familie, wer dazu gehörte und wer nicht und war weitaus größer gefasst, als das heute der Fall ist. Da die Eltern und Großelterngeneration in Familien mit vielen Kindern aufwuchs, bevölkerten unzählige Onkel und Tanten, Großonkel und Großcousins sowie -cousinen und natürlich Scharen von Kindern jedes Familienfest. Und Gott - was waren die Leute feierwütig. Nahezu jedes Wochenende traf sich die Meute, um den Geburts- oder Namenstag (ich entstamme einer katholischen Familie), Jahrestage und gelegentlich auch Beerdigungen mehr oder weniger ausgelassen zu begehen. Auf Fotos aus der damaligen Zeit kann man oft eine mehr oder weniger feierlich gekleidete, aber in jedem Fall fröhliche Schar von Menschen sehen, die alle die gleichen Nasen oder abstehenden Ohren hatten. Das änderte sich nach dem sogenannten Pillenknick, als moderne Verhütungsmethoden den glücklichen Paaren ein paar Schäferstündchen bescherten, ohne das Mutti gleich wieder mit dem Babysocken häkeln anfangen musste. Diese Entwicklung führte dazu, dass heutzutage in der Regel nur noch Kernfamilien direkter Verwandter regelmäßig Kontakt pflegen, allenfalls in ländlichen Regionen ist das noch anders.

Aber in anderen Weltgegenden nicht, so auch in unserem Fall. Wenn ihr Opa eine Schwester hatte, die einen Mann geheiratet hat, der ebenfalls eine Schwester hat, so sind deren Nachkömmlinge in dem dortigen Kulturverständnis ebenfalls Familienangehörige. Die Folge ist die Bildung riesiger Familienclans, die oft wie Pech und Schwefel zusammenhalten, und sich in unserem Fall weigerten, in verschiedene Zimmer eingeteilt zu werden. Es dauerte die halbe Nacht, bis wir wenigstens die groben Verwandtschaftsverhältnisse geklärt hatten, und jeder eine Schlafstätte bekam. Es kehrte Ruhe ein, nur aus einem Raum hörte man eine Stimme klagend wie ein Mantra wiederholen: „Transfer, Gashi Transfer!“

Transfer

Herr Gashi hatte das Wort Transfer aufgeschnappt und durchaus richtig als die Lösung dafür interpretiert, dass er und seine Familie (im engeren Sinne) in bessere Wohn- und Lebensverhältnisse kommen würde, wenn erst einmal die Registrierung abgeschlossen wäre und eine Kommune für sie zuständig wäre. Die Kommunen stellten nämlich anfangs noch Wohnungen und leisteten regelmäßige Geldzahlungen, während es bei uns nur Unterkunft, Verpflegung sowie ein kleines Taschengeld gab. Daher waren alle bei uns untergebrachten darauf erpicht, so schnell wie möglich als Asylsuchende registriert zu werden. Jeden Tag kam eine Mail vom Bundesamt für Migration und Flüchtlinge (BAMF), wer von unseren Bewohnern am nächsten Tag zur Registrierungsstelle am Flughafen gebracht werden sollte. Den Transport besorgten anfangs die nach wie vor omnipräsenten Taxis, bis eines Tages Knüllenbrink erklärte, dass von nun an Fahrzeuge der Hilfsorganisationen den Transport übernehmen würden. Das machte die Sache für die Regierung zwar nicht billiger, da wie ich bald erfuhr, die Fahrten wie Taxifahrten berechnet wurden, aber für die Hilfsorganisationen durchweg lukrativer.

Ich war neugierig auf die Registrierungsstelle am Flughafen und konnte unter dem Vorwand, eine Hochschwangere aus medizinischen Gründen zur Registrierung zu begleiten, einen Transport mitmachen. Am Flughafen hatte man einen ehemaligen Hangar für die Registrierungsstelle in Beschlag genommen. Als ich ankam herrschte dort ein reges Treiben. Bullis verschiedener Hilfsorganisationen, Taxis und Uralt-Busse aller möglicher Herkunft standen auf dem Rollfeld, von dem noch vor ein paar Jahren Abfangjäger einem potentiellen

Feind, einem Kaffeeflecken auf dem Bildschirm des Radarbeobachters oder einem Ufo entgegengedüst waren. Schon vor dem eigentlichen Höhepunkt der sogenannten Flüchtlingskrise war findigen Busunternehmern schnell klar geworden, dass die Regierung zum Transport von Flüchtlingen Mondpreise bezahlte, weil ja immer kurzfristig und unter Zeitdruck Busse benötigt wurden. Außerdem spielte der Zustand der Fahrzeuge keine Rolle, sofern sie nicht unterwegs zusammenbrachen, was aber dennoch regelmäßig vorkam. Also hatte man ganz Europa nach alten Bussen abgegrast und von nun an fuhren ehemalige Leipziger Stadtbusse, polnische Postbusse und in einem Fall, den ich selber gesehen habe, ein grün gestrichener Doppeldeckerbus aus England auf den Straßen der Republik umher, sofern sie nicht qualmend am Straßenrand standen.

Im Hangar hatte man großzügige Wartezonen eingerichtet und alles mit diesen Trennwänden abgeteilt, die die Angestellten von Großraumbüros wie Erdmännchen wirken lassen, die schnuppernd die Oberfläche betrachten, wenn sie sich von Zeit zu Zeit aufrichteten, um sich zu dehnen oder sich sonst wie zu voller Größe aufzurichten.

Mit meiner Schwangeren im Rollstuhl und dem Ehemann sowie einem quengelnden Kleinkind fuhr ich direkt an der Wartezone vorbei. Einen bulligen Sicherheitsmann konnte ich rasch überzeugen, uns vorzulassen, als ich ihn fragte, wie es denn so mit seinen Kenntnissen in Geburtshilfe stünde... Dabei deutete ich auf die Frau im Rollstuhl. Er wurde blass und ließ uns durch.

Während die Familie in eine der Bürozellen zusammen mit einem Dolmetscher verschwand, kam mir ein jüngerer Mann mit bereits sehr lichtem Haar entgegen. „Haben wir einen

Notfall?", fragte er, wohl weil ich Rettungsdienstkleidung trug. „Nein, ich habe nur eine Hochschwangere zur Registrierung begleitet", erwiderte ich. „Na Gott sei dank. Wollen wir hoffen, dass das freudige Ereignis nicht hier stattfindet", entgegnete er mit einem Grinsen. „Geburtshilfe ist kein Hexenwerk", sagte ich, ebenfalls grinsen. „Kann man hier irgendwo einen Kaffee bekommen, während ich warte?", fragte ich. „Kommen Sie mit, ich bin auch grade auf dem Weg dahin." Am Kaffeeautomaten angekommen fragte ich ihn, ob heute viel los sei, immerhin standen Fahrzeuge für ca. 300 Menschen vor dem Hangar. „Gott nein", lachte er, „unsere Kapazität beträgt ca. zweitausend pro Tag." „Zweitausend Menschen, wo sollen die denn pro Tag herkommen?" Er deutete aufs Rollfeld. „Von da... Keine Ahnung, aber wir sind vorbereitet." „Und wohin mit den ganzen Leuten?", fragte ich, immer noch von den Zahlen beeindruckt. „Na, in die Städte und Gemeinden", meinte er fröhlich. „Haben die denn dazu die erforderlichen Möglichkeiten?"

„Das ist uns völlig Hupe, wir sind eine Bundesbehörde, was nach uns kommt müssen die Regeln." „Und wer entscheidet, wie viele Menschen welcher Gemeinde zugeteilt werden?" „Na wir." Er lachte erneut auf. „dazu gibt es einen Verteilschlüssel, der wurde auf höchster Ebene festgelegt und wird laufend ergänzt." „Sie meinen, die Gemeinden wissen nicht, was da auf sie zukommt?" „Nöö." Erst jetzt fiel mir sein unverkennbarer rheinischer Dialekt auf, was seine Fröhlichkeit erklärte. „Die sehen doch spätestens, wenn die Leut' auf dem Marktplatz stehen, wer da rin will. Wer kütt der kütt." Er sah mich schelmisch an. „Und watt mutt dat mutt", antwortete ich im breitesten westfälisch. „Na denn, denken Sie dran,et hätt noch immer jott jegange", verabschiedete er sich auf ripuarisch.

Ich wartete, bis der Ehemann mich rief. „Transfer ok!" Er deutete auf einen Zettel „Woolpstruuuukk." Ich sah auf den Zettel und versuchte, ihm so aufrichtig wie möglich zu gratulieren. Wolpstruck, immerhin nicht der Arsch der Welt, auch wenn man ihn von da bereits deutlich sehen kann. Ob sich die Stadtväter und -mütter dieser westfälischen Kleinststadt ebenso freuen würden, wie die zugewiesene Kleinfamilie, blieb fraglich. Wir bestiegen den wartenden Bulli. „Auf zum Transfer!", sagte ich zum Fahrer, der mich fragend ansah. „Ach bring uns einfach nach Hause." Er fuhr los.

Entseuchung

Wenn Sie zu den Menschen gehören, denen es schnell mal juckt oder kratzt, wenn sie etwas über Krabbeltiere hören, dann sollten Sie diesen Abschnitt überspringen. Viele Menschen auf engem Raum bringen, vor allem wenn die Hygieneeinrichtungen eher dürftig sind, Probleme mit sich. Hierzu ein kleiner Fakt am Rande: Nach einer Erhebung aus dem Jahr 2010 litten ca. 2 % aller Deutschen an einer parasitären Erkrankung, das sind 1,6 Millionen Bürger, auf denen kleine Krabbeltierchen sich eine heimelige Wohnstätte gesucht haben, in einem Land, das sich viel auf seine Sauberkeit und die seiner Bewohner einbildet. Wir reden hier von Menschen, denen in der Regel fließend warmes Wasser sowie die imposante Menge von 12.000 verschiedenen Körperreinigungsmitteln zur Verfügung stehen. Wie soll es da um Menschen bestellt sein, die kein festes Zuhause haben und mit Kind und Kegel in Räumen mit mehr als 20 anderen Menschen leben müssen oder sogar in Turn- und oder sonstigen Hallen unterkommen müssen. Egal wie sehr Sie sich in solchen Situationen bemühen, es kann zu Parasitenbefall kommen. Denken Sie an die 1,6 Millionen Deutsche, bei denen es regelmäßig krabbelt, und schauen Sie sich einfach mal demnächst in der U-Bahn oder dem Bus ihre Nachbarn genauer an.....Juckt´s schon?

Der junge Mann kam mit den typischen Beschwerden zu mir. Nässende juckende Stellen und die typischen kleinen Gänge unter der Haut, die sich die Spinnentierchen graben. Normalerweise wird Krätze nur durch direkten Hautkontakt übertragen, aber die Milben können auch in Textilien auf ihre Opfer lauern. Die Erkrankung ist meldepflichtig in Gemeinschaftseinrichtungen, also informierte ich die

Einrichtungsleitung. Der Mann war sofort überfordert. In friedlicheren Zeiten war er bei den Rhodosiern für die Organisation von Behindertenfahrdiensten verantwortlich und hatte offenbar noch niemals etwas von Infektionsschutz gehört. „Oh Gott“, stöhnte er, „wie bring ich das nur meinen Vorgesetzten bei?“ Eine für Mitarbeiter von Hilfsorganisationen typische Reaktion, die aber die Probleme der Betroffenen nicht wirklich löste. „Wir müssen das Gesundheitsamt informieren“, legte ich dar, „außerdem sind Isolationsmaßnahmen erforderlich. Versuch du deine Vorgesetzten zu trösten, ich telefoniere.“ „Sie sind Landeseinrichtung, dafür sind wir nicht zuständig“, näselte die Dame vom Gesundheitsamt ins Telefon. „Außerdem ist Doktor Neustein nicht mehr im Hause.“ Ich sah auf die Uhr, Freitag elf Uhr dreißig am Vormittag. „Wer beim Landesgesundheitsamt ist denn für uns zuständig?“ „Dafür sind wir nicht zuständig.“ Die Nadel der Schallplatte in ihrem Gehirn schien hängen geblieben zu sein, ich legte auf. Im Internet versuchte ich es mit verschiedenen Behördennummern in der Landeshauptstadt sowie bei den Bezirksregierungen, aber entweder ging niemand mehr dran oder die jeweiligen Mitarbeiter spielten das Telefonschnitzeljagd-Spiel. Kennen Sie nicht? Doch sicher! Die Regeln sind einfach: „Zentrale was wünschen Sie?“ „Ich rufe aus der Notunterkunft Nummer 8/22 für Flüchtlinge an und möchte einen Skabies-Ausbruch melden.“ „Sofort, ich verbinde.“ Eine Frauen- oder Männerstimme meldet „Meier/Müller/Schmidt!“ „Ich rufe aus der Notunterkunft Nummer 8/22 für Flüchtlinge an und möchte einen Skabies-Ausbruch melden.“ „Moment, dafür ist meine Kollege/in zuständig, ich verbinde....“ „Zentrale, was wünschen sie?“ Und so weiter... stundenlang, ein nie enden wollender Kreislauf. Googeln sie mal „Möbiusband“, dann wissen Sie was ich meine.

Schließlich rief ich eine mir bekannte Hautärztin an, die den Betroffenen eine Salbe verschrieb, mit der wir dann auch alle Kontaktpersonen behandelten. Die komplette Wäsche wurde auf ihren Rat hin bei 60 Grad gewaschen, was in Anbetracht der Menge der Kontaktpersonen ein ganzes Wochenende in Anspruch nahm. Montag morgens geschah dann etwas unerwartetes. Ein weißer Bulli mit der Aufschrift der Uniklinik kam auf den Hof gefahren. Ihm entstiegen drei in Seuchenschutzanzügen verhüllte Gestalten mit Sprühdesinfektionskanistern in der Hand. Von der Wache angefunkt eilte ich auf den zu dieser Stunde gottseidank noch menschenleeren Hof. Beim Anblick dieser Gestalten wäre ansonsten sofort Panik ausgebrochen. „Was stellen Sie denn vor?", sprach ich einen der Vermummten an. „Wir kommen hier zur Entseuchung", klang es dumpf aus der Atemmaske. Er wedelte dabei mit dem Stab des Desinfektionsgerätes in meine Richtung.

„Und wer hat sie gerufen?" Während ich mit ihm sprach, versuchte ich möglichst aus der Reichweite seiner Sprühlanze zu kommen, bevor ich in eine Wolke chemischer Dämpfe eingehüllt würde. „Der Auftrag kam von den Rhodosier, hier soll ein Raum professionell entseucht und entwest werden." Ich sah bereits panische Menschen in alle Richtungen davonstieben, sobald sie dieser Gestalten ansichtig würden. „Bitte warten sie doch einen Moment in ihrem Fahrzeug, ich kläre das." Da zu dieser Uhrzeit natürlich kein Einrichtungsleiter, gleich welcher Organisation verfügbar war, dauerte es eine Weile, bis ich den Sachverhalt klären konnte. Nachdem der Rhodosier sich bei seinem Boss ausgeweint hatte, (im Universum der Hilfsorganisationen gibt es nur wenige Frauen, in Führungspositionen eigentlich nie, aber dazu später mehr...) hatte dieser wohl am Wochenende einen der hochbetagten, aber einflussreichen Ordensritter seiner Organisation von dem Vorfall berichtet. Der Mann war im zweiten (oder vielleicht auch im ersten) Weltkrieg Militärarzt gewesen und hatte sofort geknarzt: „Da muss entseucht werden!“, bevor er sich wieder dem Voll sabbern seines Jacketts widmete.

Was er damit meinte, blieb gottlob offen.

Jedenfalls hatte der Rohdosierhäuptling seine Tochter, die als Assistenzärztin an der Uniklinik arbeitete von diesem denkwürdigen Dialog berichtet, die dann auf dem kurzen Dienstweg den hauseigenen Desinfektionstrupp zu uns in Marsch setzte. Mit viel Überredungskunst gelang es mir, die Desinfektoren von ihrem geplanten Tun abzubringen. Im Laufe der nächsten Jahre hatten wir noch viele unterschiedliche Parasitenfälle, aber dank den Richtlinien der Weltgesundheitsorganisation und der Hilfe befreundeter Ärzte mussten wir nie wieder eine Entseuchung verhindern.

Gesundheitswesen

Der teilweise schlechte Gesundheitszustand der sich uns anvertrauenden Menschen, machte eine regelmäßige Zusammenarbeit mit Krankenhäusern unumgänglich. Das deutsche Gesundheitswesen gehört zu den komplexesten der Welt. Neunzig Prozent aller Deutschen sind in einer der über hundert gesetzlichen Krankenversicherung Mitglied und zahlen ihre Beiträge lohnabhängig. Dafür können sie eine Vielzahl von Leistungen von Ärzten und Krankenhäusern, ohne weitere nennenswerte Kosten, in Anspruch nehmen. Diese bekommen dafür fest ausgehandelte Sätze Pro jeweiliger Erkrankung, unabhängig vom tatsächlich geleisteten Aufwand. Privat Versicherte bekommen wesentlich mehr Leistungen und Ärzte wie Krankenhäuser auch mehr Geld. Alle Krankenhäuser müssen, wenn sie gesetzliche Leistungen abrechnen wollen, bestimmte ökonomische und organisatorische Voraussetzungen erfüllen, was jeden neuen Patienten nicht nur zu einer Einnahmequelle, sondern auch zu einem ökonomischen Wagnis macht, wenn er zum Beispiel länger im Krankenhaus bleibt, als eine Krankheit im Schnitt vorsieht. Von dieser Regelung sind Universitätskliniken weitestgehend ausgenommen. Und nun kommt der Sprung zu unseren Bewohnern. Da die Regierung für alle Behandlungskosten aufkam, galten sie technisch als Privatpatienten, da sie ja keiner Krankenkasse angehörten. Als sich diese Nachricht herumsprach, bekamen viele Akteure im Gesundheitswesen Dollarzeichen in den Augen und man hörte wie ein leises Registrierkassengeräusch- Kaatsching – ihren Mündern entwich.

Der ältere Mann mit Herzbeschwerden stand mit einem Dutzend Zettel vor mir, auf denen das Logo der Uniklinik zu sehen war, sowie einem Aufkleber mit seinen Daten. Sein Walrossschnurrbart, der einen englischen Colonel neidisch gemacht hätte, wippte auf und ab. „Dokument von Doktor in Klinik. Morgen früh ein neues Herz“, erklärte er mir erregt. „Langsam“ erwiderte ich, „bitte zeigen sie mal her.“ Es handelte sich um einen Privatbehandlungsvertrag mit Chefarztbehandlung und Einzelzimmer. Ich griff zum Telefon. „Hier muss ein Irrtum vorliegen“, versuchte ich der Sachbearbeiterin der Uniklinik am anderen Ende zu erklären, „die Regierung bezahlt nur die Akutbehandlung für Erkrankte Geflüchtete und zwar wie für Kassenpatienten.“ „Wir haben Weisung der Klinikleitung, dass Flüchtlinge wie Privatpatienten aufzunehmen sind, sie gehören schließlich keiner gesetzlichen Krankenkasse an.“ „Aber die Regierung ist wie eine gesetzliche Kasse, hat sogar eine eigene Abrechnungsnummer. Das steht doch alles auf den Überweisungsscheinen, die die Leute bei ihnen abgeben.“ „Möglich “, antwortete sie, „aber für uns sind sie wie Privatpatienten.“ „Kann ich bitte mit ihrer Abteilungsleitung sprechen, und wagen sie es nicht, mich zur Zentrale zurückzustellen“, antwortete ich gereizt. Die Abteilungsleiterin war ebenfalls nicht hilfreich. Ich rief bei der Regierung an und erklärte dem zuständigen Mann mein Anliegen. „Wir haben diesbezüglich schon ein Rundschreiben herausgegeben“, meinte er, „das Problem ist bekannt.“ „Und was mache ich mit meinen Patienten?“ „Überweisen Sie sie am besten in normale Krankenhäuser. Und zerreißen sie die Privatbehandlungsverträge.“ „Es ist Ihnen doch klar, dass ich danach nie wieder Patienten in die Uniklinik zu schicken brauche?“ „Na, was glauben Sie, was hier erst mal los ist, wenn wir die Rechnungen von denen auf ein normales Maß kürzen. Sie sind nunmal nicht die einzigen, die da Patienten hingeschickt haben.“ Er lachte humorlos auf. „Dann kommen ihre Leute auf eine

Warteliste, die länger ist als eine Toilettenpapierrolle in einem öffentlichen Scheißhaus auf einer unbewohnten Insel." Womit er wie die Zukunft zeigen würde recht haben sollte.

Der alte Knabe, der gut deutsch sprach, hatte die ganze Zeit auf einem Stuhl gesessen und zugehört. „Und nun... kein neues Herz?" „Nein aber vielleicht ein neues Hirn für ein paar geldgeile Idioten." Der Satz tat mir in dem Moment leid, in dem ich ihn ausgesprochen hatte. Ich wollte nicht, dass er meinen Ärger abbekam. „Ich werde Sie in ein anderes Krankenhaus schicken." Er sah mich verständnisvoll an. Sein Schnurrbart hing nun schlaff herunter. „Alles Geld, immer nur Geld. Kein Herz", sagte er bedächtig. Und damit hatte er vollkommen recht.

Waschzwänge

„Ich bin doch nicht zum Arbeiten hier!" Mit dieser verblüffenden Aussage verließ der junge Mann von den Martinern wütend den Raum. Soeben hatte auf einer für alle angesetzten Dienstbesprechung die Einrichtungsleitung mitgeteilt, dass es einige Veränderungen geben würde. Die erste betraf die Bewohnerzahl, die sich in den nächsten Wochen - dank bereits stattfindender Umbaumaßnahmen - verdoppeln sollte. Nunmehr 250 Menschen sollten in der alten Schule vorläufig behaust werden. Unsere Belegschaft sollte durch einige Hauptamtliche erweitert werden. Der bislang Tag und Nacht besetzte Sanitätsbereich sollte nur noch tagsüber zu festen Zeiten in Betrieb gehalten werden. Nachts sollte lediglich erweiterte Erste Hilfe geleistet werden, ansonsten auf den nächsten Tag verwiesen werden. Und nun kam für viele der Hammer - es sollte regelmäßig Wäsche gewaschen werden.

Die bisherige Praxis war eine atemberaubende Verschwendung von Material gewesen. Wenn neue Bewohner kamen, wurde diesen ein original verpacktes Bettwäsche-Set ausgehändigt, wenn sie gingen oder die Bettwäsche verschmutzt war, alles weggeworfen.

Da das Krisenmanagement gelinde gesagt überfordert war, hatte man seitens der Regierung die Hilfsorganisationen beauftragt, lediglich für genügend Bettwäsche zu sorgen. Dort hatte man, da es ja nicht aus eigener Kasse bezahlt werden musste (später dazu mehr), kurzerhand einen ausgedehnten Einkaufstrip im Internet unternommen und mehrere tausend Bettwäsche-Sets, Made in Bangladesch, erworben. Der Preis der Sets war so niedrig, dass es billiger war, sie wegzuwerfen, als sie zu waschen und mehrfach zu verwenden. Das lag sicherlich an den menschenverachtenden Produktionsbedingungen in Bangladesch. Das aber war den verantwortlichen der Hilfsorganisationen von Herzen egal, Hauptsache der Preis stimmte. Auch ökologische Gedanken hatten in deren Köpfen bislang keinen Einzug gehalten, was sich später noch deutlicher zeigen sollte. Also besaßen wir palettenweise Bettwäsche. In flotten braun-weißen oder rot-weißen Sternenmuster, verströmte sie bereits nicht ausgepackt den Geruch eines Spielzeug-Chemiebaukastens, nachdem sein zehnjähriger Besitzer sämtliche Zutaten in einen Tiegel gekippt hatte. (Weshalb der wirkliche Spielwert dieser Dinger normalerweise vom Moment des Auspackens, bis das Mutti alles mit einer Wäscheklammer auf der Nase in die Mülltonne entsorgt exakt 13 Minuten dauert.)

Spätestens seit meinem Gespräch am Flughafen war mir klar, dass man mit weitaus mehr Flüchtlingen rechnete, als Bettbezugsgarnituren vorhanden waren, also kam die Weisung von oben, diese mehrfach zu verwenden. Das hatte Auswirkungen auf verschiedene Bereiche. Den Bewohnern standen bislang nur ein paar Waschmaschinen älteren Baujahrs zu Verfügung, die irgendwer zu Beginn mal organisiert hatte. Nun mussten eilig neue angeschafft werden. Das gleiche galt für Trockner. Anstatt gleich professionelle, für den Dauerbetrieb ausgelegte Geräte anzuschaffen, entschied man sich für die billigsten am Markt erhältlichen. Auf meine Frage, warum, erhielt ich von Knüllenbrink eine überraschende Antwort. Wenn eine kaputt ginge, könnte man auf Kosten der Regierung ohne großen Aufwand eine neue beschaffen. Für eine Reparatur jedoch müsse erst ein Kostenvoranschlag eingereicht werden, das sei schließlich zu aufwendig, er habe schon genug zu tun. Die Folge war, dass sich in Kellern und Lagerräumen defekte Trockner und Waschgeräte stapelten, teilweise nur mit kleinen Funktionsstörungen, und zugleich permanent neue, billige angeliefert wurden.

Jedenfalls war es von nun an Aufgabe des Spät- und Nachtdienstes Wäsche zu waschen. Wie sich herausstellen sollte, waren nicht alle dieser Aufgabe gewachsen. Anstatt sortenrein Bettwäsche und Buntwäsche, getrennt zu waschen, stopften sie alles, auch Bewohnerwäsche sowie manchmal auch die roten Hosen, die viele als Dienstbekleidung trugen, in die Maschinen und ließen das Ganze dann bei 80 Grad einen fröhlichen Reigen tanzen. Die Folge war, dass alles einen seltsamen, durchaus femininen Farbton annahm, der an die zarten Rosenblätter Cornwalls aus einem Rosamunde (sic!) Pilcher Roman erinnerte.

Die nächste Änderung betraf die Duschen. Bislang standen den Bewohnern zur persönlichen Hygiene lediglich die Waschräume der Schulturnhalle zur Verfügung. Ausgerichtet, um einer Schar verschwitzter Schüler eine mehr oder weniger provisorische - wenn auch bitter notwendige - Körperreinigung nach dem Sportunterricht zu gewähren, waren sie mit der regelmäßigen Benutzung durch ganze Familien hoffnungslos überfordert. Davon ab gab es permanente Probleme wer, wann mit wem duschen sollte, und wer nicht, was unsere immer professioneller arbeitenden Sicherheitsleute vor Herausforderungen stellte. Schon unter normalen Umständen ist es nicht jedermanns oder -frau Sache, mit anderen Menschen gleichzeitig unbekleidet gesellschaftlichen Umgang zu pflegen. Also mussten Duschzeiten nicht nur nach Geschlechtern, was schon nicht immer einfach war (ab wann darf zum Beispiel ein Junge nicht mehr bei den Frauen duschen, und kann man ihn dann ohne Sorge zu den Männern lassen?), sondern auch nach kulturellen und anderen Befindlichkeiten, was durchaus komplizierter war. Nun bahnte sich eine Lösung an, wir sollten Duschcontainer mit Einzelduschen bekommen. Leider aus Schweden, was eine Lieferzeit von mindestens zwei Monate bedeutete. Hier hatte der Markt mal wieder voll seine Wirkung bewiesen, je knapper etwas ist und je dringender es gebraucht wird, desto teurer wird es. Also waren vom Nordkap bis Sizilien bald alle Anbieter dieser sehr speziellen Artikel sofort auf den heranrasenden Konjunkturzug aufgesprungen und hatten ihre Preise vervielfacht. So hatte auch in unserem Fall der schwedische Lieferant wahrscheinlich entzückt „Heja!" gerufen, als die Regierung sein unverschämtes Angebot akzeptierte und daraufhin seine ganze Familie auf eine Runde Köttböllar ins nächstgelegene Möbelhaus eingeladen (wozu man in Schweden ein kleines Vermögen hinblättern muss). Somit hieß es erst einmal weiter improvisieren.

All diese Veränderungen hatten verschiedene Folgen. Die letzten derjenigen, die meinten in der Flüchtlingshilfe leichtes Geld verdienen zu können, verließen uns. Die meisten Ehrenamtlichen und Freiwilligen waren eh schon längst gegangen. Es lohnt sich daher, im nächsten Kapitel einen Blick auf diejenigen zu werfen, die in einer Hilfsorganisation tätig sind, womit ich die Reise in diesen schwer zu ergründenden Kosmos fortsetze.

Uneigennützig

Anderen zu helfen ist ein in unserer Genetik verankerter Trieb. Beim einen mehr, beim anderen weniger ausgeprägt, ist es eine der sympathischen Eigenschaften des Menschen (außer dem Sinn für Humor und die Fähigkeit zur Herstellung von Schokolade). Insofern ist es auch ein Leichtes, diesen Trieb zu instrumentalisieren. Daran ist nichts auszusetzen, im Gegenteil, nur durch Organisierte und mit entsprechenden Mitteln ausgestattete Hilfe für Menschen in Notlagen, lässt sich etwas wirkungsvoll erreichen. Egal ob bei Unfällen, Erdbeben oder Überschwemmungen, ohne die wohlüberlegte Hilfe von tausenden Freiwilligen in den Hilfsorganisationen oder bei der Feuerwehr wäre unsere Erde ein schrecklicher Ort. Man kann und soll all diesen, sich teilweise bis an die Belastungsgrenze aufopfernden Leuten, nicht genug Dankbarkeit und Respekt entgegenbringen, was auch ich hiermit tue. Aber wo Licht ist, ist leider auch Schatten.

Immer wieder stolpert man über Typen, die das Gesamtbild einer auf Altruismus aufgebauten, solidarisch und professionell agierenden Gemeinschaft verdunkeln.

Die Lebensretter

Man erkennt sie schon von weitem, während Sie sich die Grillwurst auf dem Stadtfest schmecken lassen und rings um sie herum lachende Kinder und Livemusik eine Szenerie heiterster Ausgelassenheit entstehen lassen, kommen Ihnen zwei seltsame Gestalten mit grimmigen Mienen entgegen. In signalfarbigen Jacken und schweren Stiefeln stapfen sie wahlweise mit Rucksäcken oder Umhängetaschen durch die Menge. Um den Hals baumeln Stethoskope, an den Gürteln hängen in dichter Reihenfolge seltsame Geräte, die keinen Zweifel daran lassen, dass ihr Inhaber Ihnen mit einem Handgriff einen Beatmungsschlauch in den Hals schieben, Ihren Herzmuskel durch eine Reihe von Stromstößen zu spektakulären Aktivitäten oder gar durch einen beherzten Schnitt den entzündeten Blinddarm raus nehmen kann. Wenden sie sich an die Retter, weil Ihr kleiner Sohn hingefallen ist und jetzt eine einen Zentimeter große Abschürfung am Knie hat, bekommen Sie das ganze Programm. Während ein Retter die Backen aufbläst und krause Dinge in sein Funkgerät redet, betastet der andere prüfend die Knochen des Beines und setzt sein Stethoskop in die Ohren. Dann kramt er hektisch in dem mitgeführten Behältnis und zaubert ein Verbandspäckchen in der Größe einer Küchenpapierrolle hervor.

Ihr Sohn macht sich derweil schnell aus dem Staub, weil ein paar Meter weiter ein Mann in Clownskleidung Tiere aus Luftballons herstellt. Das ist nun mal auch bedeutend spannender, als der Kratzer am Knie oder diese merkwürdige Gestalt, die nun mit dem halb abgewickelten Verband, mit dem man notfalls eine Ägyptische Mumie neu wickeln könnte, ein wenig verloren herumsteht. Derweil verkündet der Kollege / die Kollegin (Lebensretter sind jedoch meistens männlich), dass Verstärkung auf dem Wege sei, keine Panik, man habe alles im Griff. Sie bedanken sich freundlich und entfernen sich rasch, zum Glück sind Sie den Lebensrettern knapp entkommen.

Lebensretter haben meistens eine mehr oder weniger solide Basisausbildung, aber mehr eben nicht. Wenn doch nur diese ganzen medizinischen Ausdrücke nicht so furchtbar kompliziert wären - eigentlich wäre man dann schon längst Arzt - so reichte es aber leider nur zu einer Hilfssanitäter Ausbildung. Aber dafür macht man halt viel Praxis, auf Sanitätsdiensten jedes Wochenende, endlose Stunden, immer auf der Suche nach dem ultimativen Kick einer Einsatzmöglichkeit für all das medizinische Equipment, das man privat gekauft hat, weil einem die Einsatzleiter rätselhafter Weise nur eine Verbandstasche anvertrauen. In Kollegenkreisen erzählen diese Leute gerne Geschichten wie „Boar, heute Morgen musste ich Geburtshilfe in einem Linienbus auf den Weg zur Arbeit leisten!" oder „Da kommt mir doch plötzlich ein Typ entgegen, dessen rechter Arm nur noch an einem Faden hing... Ich hatte Gott sei Dank mein Notamputationsbesteck in der Hosentasche." Man lässt sie reden und ist froh, wenn sie ihre Runden über das nächste Volksfest ziehen, sofern man ihnen vorher ihr Amputationsbesteck abgenommen hat.

Die Kümmerer

„Wie geht es dir, hast du Kummer?" Dabei sehen dir die Kümmerer tief in die Augen. „Es geht mir bestens, danke." Der Blick der Kümmerer verrät Sorge und Mitgefühl. „Du kannst jederzeit mit mir reden, egal wie schlimm es ist." „Es gibt nichts zu reden, danke, alles ist gut!" Bis grade waren Sie bester Laune, Ihr Privatleben läuft bestens, keine Geldsorgen, Gesundheit ok und selbst dem Goldhamster geht's gut. Nur sind Sie seit ein paar Minuten leicht genervt. Der Kümmerer lässt nicht locker: „Wenn man nicht redet, wird alles noch schlimmer." Um den Kümmerer abzulenken, wenden Sie seine Aufmerksamkeit auf das bevorstehende Ereignis. „Gleich ist Einsatzbesprechung für den Sanitätsdienst morgen beim Radrennen." Unnötig, den Kümmerer darauf hinzuweisen. Er/Sie hat bereits die Stühle im Besprechungsraum zurechtgestellt, Kaffee gekocht, den Tisch mit Tassen, Bechern und kleinen Gebinden an Kaltgetränken versehen sowie Teller mit verschiedenen Süßigkeiten verteilt. Darüber hinaus wurde eine lange Liste von Gelegenheiten, für welche Kollegin/Kollegen Geld eingesammelt werden muss, um anlässlich von Geburtstagen, Geburten, Hochzeiten oder Krankheitsfällen Pralinen, Blumen oder Sonstiges zu besorgen sei ausgelegt. Der/die Kümmerer (Kümmerer sind meistens weiblich) lässt es sich nie nehmen, diese Dinge persönlich abzugeben. Auf gemeinsamen Feiern macht er/sie die Dekoration, häufig in stundenlanger Bastelarbeit, in einsamen Stunden am häuslichen Tisch hergestellt. Dazu kommt meistens noch eine kleine Aufmerksamkeit in Form eines Schokoladen Nikolaus, Osterhasen oder sonstigem Firlefanz, vorzugsweise selbstgebastelt. Kümmerer haben für alle und jeden ein offenes Ohr, schmieren Marschverpflegung, sind stets die ersten und letzten wenn es um Gemeinschaftsaktivitäten geht und machen wahllos jedem, der länger als zwei Mal mehr als drei Worte mit ihnen gewechselt hat zu ihrem Freund, der von nun an regelmäßig kleine Geschenke in Form von Nippes und Tand erhält. Aber Vorsicht. Mit echten Problemen sollte man sich besser von Kümmerern fernhalten, es sei denn, man wünscht, dass alle davon erfahren. Kümmerer können nämlich nichts für sich behalten. „Weißt du“, vertrauen sie einem beiläufig an, „ich habe ja gestern den ganzen Abend mit Claudia wegen ihrem Schwangerschaftsabbruch geredet. Das darf aber keiner wissen, zumal sie glaubt, dass das Kind von Markus ist.“ Mit dieser Botschaft eilen die Kümmerer nun von einem zum nächsten und lassen Sie ein wenig ratlos stehen. Sie kennen keine Claudia. Und keinen Markus.

Der Oberkatastrophenverbandsführer

„Ein Mensch trägt gerne Uniform, denn sie verdeckt die Körperform. Auch den Charakter kann sie formen, drum lieben wir die Uniformen.“ - Frei nach Eugen Roth.

In allen größeren Orten unterhalten die Hilfsorganisationen Katastrophenschutzeinheiten. Mit schwerem Gerät, Lastwagenweise Zelten, Decken, Sanitätsmaterial und sonstigen nützlichen Dingen ausgerüstet wird damit sinnvoller Weise für größere Unglücksfälle vorgesorgt. In den Tagen des kalten Krieges waren diese Einheiten auch Teil der Zivilverteidigung und sie waren paramilitärisch organisiert. Das ist längst vorbei, aber einiges hat sich noch aus dieser Zeit gehalten: Man trägt Titel und Uniform. Zwar entsprechen die Titel genau genommen keinem militärischen Rang, sondern bezeichnen nur eine Funktion, aber man kann ja mal so tun, als ob. Wem es also schon immer mal gefallen hätte, nachts aus einem Auto zu springen und Befehle zu bellen, denen eine Schar williger Helfer zu folgen haben, der kann in einer solchen Organisation das Ziel seiner Träume erreichen. Natürlich trägt man, wenn keine Uniform zur Hand ist oder unpassend wäre, auch mal Zivil, aber dann immer mit einem kleinen Funkmeldeempfänger, den man in einer Lederhülle außen am Gürtel befestigt hat. Die Botschaft ist klar. Ich bin wichtig. Auf Facebook, Instagramm und Co. lässt man in sein Profil einfließen, dass man ja Oberkatastrophenverbandsführer ist. So richtig wohl fühlt man sich aber eigentlich nur in seiner Uniform. Bis die Jacke reißt…

Fluchthelfer

Die Menge vor dem Tor war mit Trillerpfeifen bewaffnet und klang wie eine Raubmöwenkolonie. Wütende Sprechchöre wechselten sich mit den Missklängen zahlreicher Lärminstrumente ab. Ihr Anliegen war auf zahlreichen selbstgebastelten Plakaten zu sehen, auf denen im Wesentlichen die Worte „Keine! Abschiebung!" und „Bleiberecht!!" stand. Warum nur müssen solche Plakate, wie berechtigt die darauf stehenden Forderungen auch sein mögen, immer so aussehen, als ob eine Gruppe Vorschulkinder sie mit Fingerfarben gemalt hätten? „Wir, fordern keine Abschiebung!" (und wir scheißen auf die Regeln der Interpunktion!). Wie auch immer, die Demonstranten blockierten unsere Zufahrt. Der Cateringwagen mit dem Frühstück kam nicht rein und unsere Bewohner waren maximal genervt. Zumal der Dauerlärm für Schwangere und kleine Kinder eine unerträgliche Belästigung darstellte. Auch die Tatsache, dass unsere Bewohner, deren Interessen die Demonstrierenden so eifrig zu vertreten meinten, mit so unbedeutenden Kleinigkeiten wie Nahrung und Wasser versorgt werden sollten, wurde großzügig ignoriert.

Die Hintergründe dieses Spektakels waren durchaus nicht ohne. In der Stadt waren schon seit Jahren Vereine und Gruppen tätig, die geflüchtete Menschen bei Behördengängen, in Fragen des Asylrechts oder in Alltagsangelegenheiten unterstützten. Diese leisteten still und professionell ehrenamtliche Arbeit, die zu einhundert Prozent den Betroffenen zu Gute kam und absolut lobenswert war.

Natürlich kann man ein Thema wie Asyl- und Flüchtlingspolitik nicht im politisch luftleeren Raum betrachten. Das bedeutete, dass natürlich auch politische Forderungen mit der Flüchtlingsarbeit verbunden sind.

Und hier schieden sich die Geister. Während die einen den Menschen in sehr praktischer Weise Hilfe leisteten, oftmals unter Einsatz privater Mittel, versuchten die anderen eine politische Generalabrechnung mit der Gesellschaft daraus zu machen. Und wie so oft, gab es alles Mögliche dazwischen. Da sich ausgerechnet die Kanzlerin der großen konservativen Partei dieses Themas in sehr praktischer und durch und durch humanitärer Weise angenommen hatte, indem sie den Menschen Schutz und Aufnahme gewährte, war vielen, vor allem weiter links stehenden Gruppierungen das bislang liebevoll gepflegte Feindbild abhanden gekommen. Die anderen Parteien duckten sich dabei so tief wie möglich weg, sodass den Aktivisten schnell die politische Heimat verloren ging. Also nahmen die Initiativen und Unterstützergruppen das Ruder selbst in die Hand, was fast sofort zu erbitterten Richtungs- und Flügelkämpfen führte. Und nun standen sie vor unserem Tor, uneinig vereint. Der konkrete Anlass waren Gerüchte, dass ein Teil unserer Bewohner, deren Asylverfahren aussichtslos war, in ihre Heimatländer abgeschoben werden sollten. Diese – im Zeitalter der (a)sozialen Medien – schnell verbreitete Botschaft beruhte leider auf Tatsachen. Die Bundespolizei hatte vor 2 Tagen eine Razzia bei uns angekündigt, die aber in letzter Minute abgesagt worden war.

Die Lage vor dem Tor war nicht unkompliziert. Da waren zunächst einmal die Demonstranten, die die Zufahrt blockierten. Davor unser Sicherheitspersonal, welches in diesen Tagen eine löbliche Ruhe und Professionalität an den Tag legte und ausgesprochen deeskalierend auftrat. Im Hintergrund war eine Hundertschaft der Polizei aufgefahren, die aber nicht auf unser Gelände hätte gelangen können, ohne die Lage weiter zu verschärfen. Drinnen wir und die Bewohner. Und die Führungskräfte, und zwar alle inklusive der Geschäftsführer. Diese hatten wir durch einen unbewachten Seiteneingang auf das Gelände geschmuggelt. Außerdem überall die leidlichen Lokalreporter.

Die herbeigeeilten Häuptlinge hatten sich zur Besprechung im Büro der Einrichtungsleitung verschanzt und ließen uns Indianer im Ungewissen, wie es nun weitergehen sollte. Schließlich kam Knüllenbrink zu uns und erklärte, wir sollten im Gebäude bleiben und uns um die Bewohner kümmern, während man mit den Demonstranten verhandeln würde, ein überraschend vernünftiger Vorschlag. Nach einer Weile wurde der Lärm deutlich leiser, sei es, weil inzwischen wohl auch die verstocktesten Demonstranten begriffen hatten, dass sie unseren Bewohner Schaden zufügten, sei es, weil ihnen schlicht die Luft ausging. Der Essenswagen und ein Krankenwagen durfte passieren. Die Bewohner wurden aber nach wie vor gehindert, das Gelände unbehelligt zu verlassen, was jene, die für deren Freiheit protestierten, zu Freiheitsbraubern machte. Es dauerte den ganzen Vormittag, bis die Einsichtigen unter den Demonstrierenden die Blöden davon überzeugt hatten, wie absolut schwachsinnig diese Form von Protest war, und schließlich standen die meisten Demonstrierenden mehr oder weniger schweigend vor dem Gelände und hielten ihre Plakate in die Luft. Es gelang ihnen sogar, zwei ältere Mitglieder einer bizarren kommunistischen Sekte, welche wohl Mao und Stalin nicht für blutrünstige Massenmörder, sondern für Heilsbringer der Menschheit hielten, mit ihren Fahnen von der Menge fernzuhalten. Diese Sekte hatte nämlich, - und hat bis heute,- die Angewohnheit, egal wo ein Protest stattfindet, sich mit ihren

Fahnen dazu zu stellen, um so zu tun, als sei die versammelte Menge auf ihrer Seite.

Der Protest nahm also geordnete und vernünftige Bahnen an und auch die Polizei sowie die Führungskräfte zogen sich weitestgehend zurück.

Am Nachmittag, bei der Übergabe zur Spätschicht tauchte Knüllenbrink unvermittelt auf. Sein Gesicht war rot angelaufen, was farblich sehr gut zu seiner roten Uniformjacke passte. „Ich habe festgestellt, dass sich unter den Protestierern auch Mitarbeiter unserer Organisationen befinden." Er schnauzte diesen Satz in einem Tonfall heraus, der sehr an einen bestimmten deutschen Politiker mit tatsächlich noch gewaltigerem Leibesumfang der 1940er Jahre erinnerte, wenn dieser einen Wutanfall bekam. „Jeder, der auch nur die geringste Unterstützung für dieses linke Gesocks leistet, kann hier sofort seine Sachen packen und braucht sich nicht wieder blicken lassen!" Seine ohnehin schon feuchte Aussprache, wenn er erregt war, machte den Spucke Regen aus seinem Mund zu einem Miniaturwasserfall. Eine Kollegin stand auf. „Es gibt hier noch so etwas wie Meinungsfreiheit, Herr Knüllenbrink!" Er funkelte sie böse an, dann grinste er breit. „Aber sicher doch und Sie dürfen Ihre Meinung ab sofort woanders vertreten! Raus hier, und zwar sofort!" Sie wurde blass und setzte sich, während Knüllenbrink zur Tür raus stürmte. Wir sahen sie nie wieder bei uns arbeiten, ich erfuhr aber später, dass man ihr seitens der Martiner eine Vergleichssumme angeboten hatte, im Gegenzug zu ihrem Schweigen über den Vorfall. Fortan ließ Knüllenbrink regelmäßig Fotos, die er heimlich von den Protesten gegen Abschiebung machen ließ auswerten, ob dort Mitarbeiter der Martiner zu sehen waren. Von seiner

Praktikantin, die hinterher davon berichtete, erfuhr ich, dass dieses mit voller Rückendeckung des Geschäftsführers geschah.

Die Proteste blieben weiterhin aktiv und belebten die Zivilgesellschaft in notwendiger Weise, auch die Unterstützergruppen machten kontinuierlich gute Arbeit. Einige Unentwegte richteten auf einem unbebauten Grundstück ein sogenanntes „Protestcamp" ein, wo sie in ein paar Zelten den ganzen Sommer über verwahrlosten.

Wie sich noch zeigen sollte würde das Klima der politischen Feindseligkeit, das insbesondere von Leuten wie Knüllenbrink geschürt wurde, noch ein unschönes Nachspiel haben.

Beförderungen

Die zunehmende Professionalisierung unserer Arbeit und der wachsende Strom von Menschen in unser Land machten die Tatsache, dass eine Einrichtung wie unsere nur von Einrichtungsleitungen im Nebenjob geführt wurden, mehr und mehr unhaltbar. Es war abzusehen, dass die Zahl der Menschen auf der Flucht in der nächsten Zeit wachsen würde, was neue Organisationsformen erforderte. Der Martiner-Chef, Mayer zu Hofe, bestellte mich zu einem Gespräch in sein Büro in die Geschäftsstelle der Organisation. Sein Büro lag in einem schlichten Flachbau am Rande eines Gewerbegebietes. Ich wurde gebeten, dort auf ihn zu warten, und hatte Zeit mich umzusehen. Der helle Raum war mit Standardbüromöbeln in heller Pseudo- Eiche eingerichtet. Der mehrteilige Schreibtisch war bis auf den letzten Zentimeter mit Papieren gefüllt. Mir fiel sofort der Satz ein, dass es in deinem Kopf immer wie auf deinem Schreibtisch aussieht. Alle Schränke standen mit Aktenordnern voll. An der Wand befand sich ein riesiger Flachbildfernseher und daneben ein faszinierendes Bild, das viel über den Mann in diesem Raum aussagte. Es stellte in abstrakter Malweise den auferstandenen Christus dar. Sein Körper war so mit den braun-grauen Hintergrund verwoben, dass er trotz der kräftigen Farben merkwürdig schemenhaft wirkte. Seine rechte Hand wies mit einer Geste aus dem Bild rechtwinklig heraus. Die Finger erinnerten an die Krallen, welche El Greco dem spanischen Großinquisitor Don Ninio gemalt hatte. Das Ganze wirkte mehr wie eine Illustration einer Erzählung Gogols als eine Hoffnung verbreitende Botschaft des auferstandenen Erlösers.

Mayer zum Hofe war ein typisches Gewächs einer Hilfsorganisation. Als Zivildienstleistender hatte er sich vor zwanzig Jahren bei den Martinern in einer typischen Ochsentour hochgearbeitet, ohne jedoch das geistige und organisatorische Umfeld je verlassen zu haben. Er hatte zwar irgendwann auch einen kaufmännischen Hochschulabschluss erworben, aber die Außenwelt blieb ihm fremd. Dafür war die Welt der Apparatschiks, Hofschranzen und Karrieristen sein zweites Zuhause geworden. Davon ab hatte er eine Vorliebe dafür entwickelt, sein eigenes Abbild möglichst häufig in den Medien zu sehen, welcher die Lokalpresse allzu bereit Entgegen kam, seit der Sohn des Verlagsinhabers als Pressesprecher ebenfalls bei den Martinern arbeitete. Er blickte mich (und eine Stehlampe einen Meter neben mir) an und teilte mir mit: „Ich befördere Sie hiermit zum Einrichtungsleiter. Gleichzeitig übertrage ich Ihnen das Kommando über alle dort eingesetzten Einsatzkräfte. Tun Sie alles, was nötig ist, um den Vormarsch der Bolschewiken an der Ostfront aufzuhalten." Ok, den letzten Satz habe ich mir ausgedacht, aber es klang ganz in diesem Stil. Ich war zwar nicht unbedingt überrascht, dass die Wahl auf mich gefallen war, schließlich hatte ich Leitungserfahrung aus früheren Lebensabschnitten und war vor langer Zeit sogar irgendetwas Ranghohes in der Zivilverteidigung gewesen. Außerdem hatte ich durch aus auf dieses Ziel hingearbeitet, meinen Platz an der Akademie nahm jetzt eine jüngere und deutlich besser aussehende Person ein. Aber die Art und Weise war erstaunlich. Offenbar ging er davon aus, dass Personalentscheidungen ohne vorherige Rücksprache mit dem Betroffenen gängige Praxis im Geschäftsleben seien. Ich unterschrieb die vorbereiteten Papiere und nahm meine Ernennungsurkunde entgegen. „Wir werden im Auftrag der Regierung in zwei Wochen zwei weitere große Einrichtungen in unserem Geschäftsbereich eröffnen." Er kramte in seinen Papieren, „und zwar jeweils mit einer Belegung von 200 Personen. Wir haben beschlossen, eine neue Oberabschnittsfachstelle „Flüchtlingshilfe" zu gründen. Die Leitung wird Herr Knüllenbrink übernehmen. Er ist auch Ihr direkter Vorgesetzter." Ich widerstand dem Drang die Hacken zusammenzuschlagen und zu salutieren, um dann mit einem Stöckchen unterm Arm hinauszumarschieren und nach meinem Adjutanten zu brüllen. Aber - Spaß beiseite – die Nummer mit Knüllenbrink gab mir zu denken. Es würde sich durchaus lohnen, einmal einen genaueren Blick auf ihn zu werfen.

Er entstammte einer der ältesten und angesehenen Familien der Stadt. Der Name Knüllenbrink tauchte seit Jahrhunderten in den Archiven auf. Kaufleute, Rechtsgelehrte, Bürgermeister, Notare, man gehörte zur Oberschicht der Gemeinde. Thomas Knüllenbrink wurde als hoffnungsvoller Spross in die Familie geboren. Schon früh zeigte sich, dass er das Abitur und damit die erforderlichen Voraussetzungen die Familientradition akademisch gebildeter Eliten zu erreichen wohl nur auf einem exklusiven Internat schaffen würde. Mit Ach und Krach fing er dann ein Studium an. Zu dieser Zeit tauchte er auch bei den Martinern auf. Sein sehr wohl vorhandener Charme, den er wie eine Glühbirne ein und ausknipsen konnte, gepaart mit unendlich viel Zeit, die er bei den Martinern verbrachte, machten ihn schon bald unentbehrlich. Da er nicht gezwungen war, für seinen Lebensunterhalt zu arbeiten, konnte er zu Zeiten bei den Martinern sein, als andere noch ihrem Broterwerb nachgingen. Außerdem war seine Herkunft eine Eintrittskarte in die oberen Etagen der Martiner, er war ja von klein auf mit vielen der meist adligen Ordensritter gesellschaftlich bekannt. Nach Kräften gefördert, gab es keine Hindernisse für ihn. Nur seine Studienleistungen an der Universität litten unter diesem ungewöhnlichen Engagement. Inzwischen mit einer prachtvollen Uniform und einem mit Blaulichtanlage und Martinshorn ausgestatteten Dienstwagen ausgestattet, musste er feststellen, dass an der Uni, anders als im Internat, Geld nicht automatisch den gewünschten Bildungsabschluss hervorbrachte.

Sein Vater war mittlerweile - zweifellos an chronischer Enttäuschung - gestorben und hatte ihm ein beträchtliches Vermögen vererbt. Pro forma machte er einen kaufmännischen Berufsabschluss in einer befreundeten Firma und widmete sich den Martinern, wo er wie nirgendwo sonst Macht und Einfluss skrupellos ausspielen konnte. Dabei kam er den Bedürfnissen von Mayer zum Hofe entgegen, der einen rücksichtslosen Handlanger brauchte, der ihm gleichzeitig durch seinen gesellschaftlichen Einfluss den Rücken stärkte. Und dieser Mann war nun zum Leiter der Flüchtlingsarbeit ernannt worden. Dabei lautet eine alte kirchliche Lehre:

Wer nach Macht strebt, ist ungeeignet Herrschaft auszuüben.

2. Teil

Katharsis

Hallenrunde

Ich war noch nie ein Freund von Blaulichtfahrten. Es ist grundsätzlich gefährlich, weil man unter Stress ein bestimmtes Ziel erreichen muss, wo einen meistens ein ebenfalls nicht grade entspannter Einsatz erwartet. Dann sind da noch die anderen Verkehrsteilnehmer, die gelinde gesagt interessante Reaktionen auf die Tatsache zeigen, dass sich ein Einsatzfahrzeug mit Blaulicht und Martinshorn nähert. Von stumpf einfach stehenbleiben, bis hin zum plötzlichen und beliebigen Fahrbahnwechsel, alles ist möglich und alles ist unberechenbar. Dazu kommen immer wieder Zeitgenossen ans Steuer von Einsatzfahrzeugen, denen man niemals auch nur ein Machtboxauto hätte anvertrauen sollen. Sobald sie hinterm Steuer sind, und die Sirene einschalten, nimmt ihr Gesichtsausdruck den von Jack Nickolson in „The Shining" an, und dann heißt es für alle Beteiligten nur noch festhalten.

Und mit genauso einer Person hinterm Steuer rasten wir nun über die nebeligen Straßen der westfälischen Pampa.

Wir saßen zu sechst in einem umgebauten Kleinlaster. Dieser war zum Katastrophenschutzfahrzeug umgerüstet und besaß neben einer geräumigen Fahrerkabine, einen Kofferaufbau beladen mit Sanitätsmaterial. Die Leviten hatten den Auftrag erhalten, zur notfallmäßigen Unterstützung einer Sanitätseinheit in eine nahe gelegene Stadt auszurücken. Dort war über Nacht eine Veranstaltungshalle in eine Notunterkunft für Flüchtlinge umgewandelt worden. Neben mir saß eine gemischte Truppe aus Helfern, die grade verfügbar waren und die eiligst in die bereitstehenden Fahrzeuge gestopft worden waren. An eine Übermittlung des Lagebildes war während der Fahrt nicht zu denken, denn der Funkverkehr war chaotisch, da es im Moment niemanden eingefallen war, alle beteiligten Einheiten auf eine gemeinsame Funkfrequenz zu schalten. Außerdem waren wir alle viel zu sehr damit beschäftigt uns festzuhalten, während unser Gefährt wild schlingerte, entweder weil der Fahrer dem entgegen kommenden Verkehr auswich oder er grade eine Phase seelischer Erschütterungen durchlebte.

Endlich trafen wir ein, es war eine typisch Stadthalle einer westfälischen Mittelstadt. Plakate wiesen auf die grade laufende Gewerbeausstellung „Inkontinenzia 2015" oder so ähnlich hin.

Auf dem Parkplatz standen ordentlich aufgereiht die Einsatzfahrzeuge der technischen Nothilfe und einer Katastrophenschutzeinheit aus dem Rheinland.

Die technische Nothilfe ist ein interessanter Verein. Sie verfügt über alle möglichen Geräte, Planierraupen, um Trümmer wegzuräumen, Kräne und fahrbare Notstromaggregate in der Größe einer Doppelgarage, kurzum alles, was bei großen Schadensereignissen dringend gebraucht wird. Ihre (fast ausschließlich) männlichen Mitglieder entstammen meist handwerklichen oder technischen Berufen, haben raue Umgangsformen und jene für Außenstehende oft faszinierende Art, mit scheinbar unmöglichen technischen Problemen unbedarft umzugehen. („Wir räumen mal eben die zwei umgekippten 40-Tonner dort weg und legen danach ein paar Starkstromkabel über den Fluss da vorne. Und dann frühstücken wir erst mal ordentlich.“)

Jedenfalls hatte diese Truppe die ganze Nacht Feldbetten aufgebaut und ein paar Duschcontainer aufgestellt sowie eine Feldküche mit Wasser und Strom versorgt. Jetzt saßen sie rauchend und schwatzend vor ihren riesigen Fahrzeugen und machten einen erschöpften, aber zufriedenen Eindruck. Da ich der scheinbar die einzige höhere Führungskraft der nachrückenden Kräfte weit und breit war, übernahm ich die Initiative und meldete mich beim Chef der Nothilfetruppe, der grade genüsslich einen Apfel verzehrte. „Zweite Einsatzeinheit 165 in der Besetzung 1/2/18/21 zur sanitätsdienstlichen Unterstützung eingetroffen“, meldete ich vorschriftsgemäß. Der Mann war in seinen späten 40ern und trug die schmucklose Arbeitskleidung seiner Einheit. „Danke, aber ich habe hier nicht die Einsatzleitung, wir sind grade dabei abzurücken.“ Er biss wieder in seinen Apfel und deutete auf die Halle. „Vielleicht finden Sie da drinnen jemanden.“ Im Eingangsbereich durch eine Reihe großer Glastüren, an denen überall Plakate hingen, schleppten ältere Frauen in zivil Bananenkartons in das Gebäude. Ich ging an ihnen vorbei ins Foyer. Normalerweise sollte spätestens hier ein Meldekopf aufgebaut sein, welcher der Leitung einen Überblick über die zur Verfügung stehenden Kräfte verschaffen sollte. Stattdessen stapelten die Damen hinter den Garderobenbereich ihre Kisten, aus denen sie sorgsam gefaltete Kleidungsstücke entnahmen und auf Bügel hängten. Aus einer weiteren Glastür kam mir ein junger Mann in der Uniform der Rhodosier entgegen. Auf seiner Einsatzjacke prangte das Rückenschild „Einsatzleitung“. - Endlich!

Ich baute mich vor ihm auf und erstattete erneut meine Meldung. Er salutierte und sah mich aus kurzsichtigen Augen an. „Sehr gut, kommen Sie mit ins Lagezentrum." Ich folgte ihm in die Halle, wo wir eine Metalltreppe in eine Art Regieraum ungefähr zehn Meter über dem Hallenboden emporstiegen. Der Raum war an der Front mit einer Glaskanzel versehen, von der man bequem die ganze Halle überblicken konnte. Die Mischpulte sowie andere technische Einrichtungen hätten gut in die Kulissen eines Sciencefiction Films aus den 60er Jahren gepasst. Drinnen befanden sich zwei weitere Uniformierte, einer von der Feuerwehr sowie eine Polizeibeamtin mit vielen goldenen Sternen und außerdem ein älterer Zivilist. Dieser richtete das Wort sofort an mich. „Sind Sie mit der Lage vertraut?" „Nein, wir sind ohne Lagebild in Marsch gesetzt worden." „In Kürze werden hier wenigstens 500 Menschen direkt von der Grenze eintreffen. Das Hauptaufnahmezentrum hat grade dicht gemacht, völlig überlaufen. Weitere Einheiten sind auf dem Wege. Sie übernehmen die sanitätsdienstliche Betreuung und Versorgung. Der Sanitätsstützpunkt ist bereits notdürftig im Versorgungstrakt aufgebaut. Ihr Abschnittsleiter ist Kater 2/5/1!" „Verstanden, besetze mit 2. EE 165 in der Stärke 1/2/18/21 den Sanitätsstützpunkt zur Vorbereitung einer MANV (Massenanfall von Verletzten) Lage Abschnitt Kater 2/5/1! Darf ich darauf hinweisen, dass ich nur provisorisch die Einheit leite, bis die reguläre Einheitsleitung eintrifft." „Mir egal, legen Sie los, wir haben keine Zeit." Der Mann, wie man mir hinterher mitteilte der Bürgermeister der Gemeinde hatte recht. Also ging ich zügig zurück zu den wartenden Fahrzeugen. Mit Erleichterung stellte ich fest, dass inzwischen auch die regulären Einheitsführer, darunter mein Kollege Sven eingetroffen war. Ich gab die Einsatzbefehle weiter und damit den Hut ab. Sofort fingen die Helfer routiniert an, den Befehlen ihrer Vorgesetzten folgend die Fahrzeuge zu entladen, während Sven und ich einem Feuerwehrmann folgten, der uns zum provisorischen Sanitätsbereich leitete. Es war ein ehemaliger Umkleideraum, bestückt mit vier Behandlungsliegen und einigem Sanitätsmaterial. Sven entschied sofort: „Jean-Luc, du kümmerst dich hier um die Intensivfälle, ich schick dir eine Ärztin und 5 Helfer." Er übergab mir ein Funkgerät. „Wir werden vor der Halle Zelte zur Sichtung und Erstbehandlung aufbauen. Wenn deine ärztliche Leitung es für notwendig hält, fordert ihr Rettungswagen zum Weitertransport in Krankenhäuser an, aber nur, wenn die Patienten in einem stabilen Zustand transportiert werden können. Anforderung läuft über Kater 2/6/1." Ich wiederholte seine Befehle und hörte, kaum dass er draußen war, über Funk die Durchsage „Kater 2/1/1 an alle! Sie kommen."

Die Patienten wurden auf Tragen zu uns gebracht. Es war erschütternd. Die armen Menschen! Ich hätte es nie für möglich gehalten, mit so einer Flut von Elend inmitten von Deutschland konfrontiert zu werden. Wir arbeiteten die Fälle so gut wie irgend möglich ab, aber noch nach so vielen Jahren kann und werde ich nicht beschreiben, was wir dort zu sehen bekamen. Wir mussten innerhalb von sechs Stunden 18 Mal einen Rettungswagen rufen und in zwei Fällen reanimieren. Als keine neuen Patienten mehr kamen, gingen wir an die frische Luft hinter die Halle. Es war ein lauer Sommerabend und auf der Wiese vor uns grasten friedlich Kaninchen und man hörte Vogelgezwitscher. Wortlos reichte die Ärztin eine Zigarettenschachtel herum. Sie sah mich an und sagte auf:

„Scheiße!“ „Ja, Scheiße!“, wiederholte ich und wir alle weinten.

Menschenkette

Für die meisten von uns dürfte es schon eine Weile her sein, dass wir das letzte Mal eine Nacht mit Fremden in einem Raum geschlafen haben. Wahrscheinlich in Ihrer Schulzeit, auf Klassenfahrt. Sie erinnern sich bestimmt. Nachdem die aufgekratzte Bande erst mal müde geworden war und jeder seine individuelle Schlafposition gefunden hatte, war die Nacht von einer seltsamen Kakophonie von Geräuschen (mal ganz abgesehen von Gerüchen) erfüllt. Nicht besonders reinliche Mitmenschen Schubbelten und kratzten sich im Schlaf, andere schmatzten und schnarchten, einige murmelten oder redeten und dann war da noch das Todesröcheln von der Person, die sich vor dem Schlafengehen mit Süßigkeiten überfressen hatte. Nun waren sie in der angenehmen Lage, dieses Erlebnis in einen aufregenden und angenehmen Trip einzubetten, auf wenige Tage begrenzt und mit maximal 10 Personen im Zimmer. Danach ging es wieder zurück in ihr wohliges Zuhause.

Stellen sie sich also nur einmal vor, wie schon die Geräuschkulisse wäre, wenn sie mit 500 Personen in einem Raum, beziehungsweise einer Halle schlafen müssten. Mit ungewisser Zukunft, denn sie haben kein wohliges Zuhause.

In einer Halle, euphemistisch Gemeinschaftsunterkunft, übernachten zu müssen, ist das Letzte. Keinerlei Privatsphäre, Lärm, Gestank, ständig Licht und die Angst von irgendwem in der Nacht beklaut zu werden oder einer Vergewaltigung zum Opfer zu fallen, machen den Aufenthalt zu einem Albtraum der Güteklasse A+++. In Notsituationen mag es dennoch manchmal nicht anders gehen, als solche Übernachtungsformen kurzfristig zu wählen, wenn viele Menschen ohne Obdach in kurzer Zeit beherbergt werden müssen. Dieses sollte, wenn denn unumgänglich, so kurz als möglich geschehen. Es erfordert einen immens hohen organisatorischen Aufwand, alle Versorgungs-, Sicherheits- und Hygieneprobleme halbwegs zufriedenstellend zu lösen.

Aber genau da fingen die Sachen an, ins Stolpern zu kommen.

Die vorläufige Versorgung mit Essen hatte eine Feldkücheneinheit der goldenen Sonne aus dem Ort übernommen. In den meisten Fällen, die ich in fast 40 Dienstjahren erlebt habe, sind die Feldköche weitaus besser als ihr Ruf. Unter ihnen sind überraschend häufig Menschen zu finden, die im Zivilleben einem völlig anderen Berufen nachgehen, aber hinterm Herd plötzlich Talente entwickeln, die in jeder Kochshow die Juroren dazu bringen würden, den Teilnehmern notfalls sexuelle Avancen zu machen, um an deren Rezepte zu kommen. Und das Ganze produzieren diese in einem Zelt und für mehrere hundert Menschen. Aber man darf nicht vergessen, dass all diese zauberhaften Leute ehrenamtlich tätig sind, sodass eine regelmäßige Verpflegung solcher Menschenmassen ganz klar den Rahmen dieser Arbeit sprengen würde.

Also wurde ein professioneller Cateringdienstleister beauftragt. Und zwar jener, der auch die örtlichen Schulen mit Essen belieferte. Das Essen bestand nun aus Aluminiumschalen, in denen sich in kleinen abgeteilten Bereichen eine undefinierbare helle Masse (Kartoffelbrei?), eine grau-grüne Pampe (Gemüse? Spachtelmasse?) und etwas verkohltes befand. Dazu einen Plastikbecher mit violett leuchtendem Jogurt. Das beschriebene Menü wurde jeden Tag in anderen Farben geliefert, mal war die Pampe rot, dann grün, braun (würg!) oder einmal sogar Neon Gelb. Ich weiß nicht, wer mir, als ich zum ersten Mal Zeuge dieses kulinarischen Verbrechens wurde, mehr Leid tat. Die Flüchtlinge, die das Zeug essen sollten oder die Schulkinder, die damit jahrelang Gros gezogen wurden. Glücklicherweise schmeckte alles, egal welche Farbe es hatte nach absolut gar nichts. Ebenso gut hätte man die Menschen mit Bauschaum speisen können.

Das nächste war die Sicherheit. Wie schon gesagt, ist eine große Halle ein unsicherer Ort. Die Polizei, die in den ersten 24 Stunden für Sicherheit und Ordnung gesorgt hatte, wurde nun von einem Sicherheitsunternehmen abgelöst. Auch hier hätte man keine schlechtere Wahl treffen können. Offenbar war das beauftragte Unternehmen ein Sammelbecken für die von mir bereits beschriebenen Typen der „Hohlen" und der „Verzweifelten". Die eingesetzten Mitarbeiter standen die ganze Zeit draußen vor der Halle und rauchten. Bis auf die, die in der provisorischen Wachstube schliefen. Nur einer, ein baumlanger Kerl, der offenbar weder Tabak noch Schlaf brauchte, stand vor dem Eingang der Halle wie angenagelt, über Stunden und rührte keine Miene. Als ich an ihm vorbei ging, bemerkte ich die Alkoholfahne und stellte fest, dass er dort stand, weil er schlicht zu betrunken war, um woanders hin zu gehen. Es war hanebüchen, mit dem Ergebnis, dass die Menschen in der Halle ihren Schutz selbst organisierten, wenn Frauen oder Kinder zur Toilette oder in die Duschräume wollten. Als der Bürgermeister davon erfuhr, wechselte er sofort auf ein seriöseres Unternehmen, aber es war bereits zu spät.

Von wenigstens zwei Vergewaltigungen wurden später in der Presse berichtet.

Zuletzt die Hygiene. In der Halle hausten 500 Personen, zwischenzeitlich deutlich mehr. Schon unter normalen Umständen ist die Einhaltung von Sauberkeit und Ordnung ein Problem. Egal, wie diszipliniert Sie sind, es fallen Berge von Müll an, und die Wäsche muss auch gewaschen und gewechselt werden. Obwohl die Bewohner in bewunderungswürdiger Weise für Sauberkeit sorgten, einige hatten sich sogar in privater Initiative Besen und Müllsäcke von ihren ohnehin knappen Mitteln gekauft, war es ein endloser Kampf. Bald war Saubere Wäsche das wichtigste Problem, und dass sollte verbunden mit den mangelhaften Sicherheitsmaßnahmen beinahe in eine Katastrophe führen. Die Einheit aus dem Rheinland war nach drei Tagen Einsatz (wir schliefen alle auf Feldbetten in Zelten oder in meinem Fall in der Sanitätsstation, niemand ging nach Hause) dabei, ihre Sachen zusammenzupacken und abzurücken. Meine Schwiegertochter Louisa, die inzwischen auch hauptamtlich bei den Martinern in der Flüchtlingsarbeit tätig war, hatte grade mit den Damen von der Kleiderkammer Sachen in der Garderobe sortiert und ich hatte nichts Besseres zu tun als herumzulungern und ihnen dabei auf den Tresen gestützt zuzusehen. Plötzlich kamen einige Frauen aus der Halle laut zeternd auf die Gruppe zu und verlangten für sich und ihre Kinder berechtigterweise saubere Wäsche. Die Damen taten ihr Bestes und ich stellte meinen Müßiggang ein, um sie zu unterstützen. Doch es ging offenbar nicht schnell genug und es entstand eine Rangelei. Die ersten drängten über den Tresen und so waren die dahinter Beschäftigten abgeschnitten, denn die Garderobe, in der in besseren Tagen die Hallenbesucher ihre Mäntel zur Aufbewahrung gaben, besaß keine Rückzugsmöglichkeit. Der Tumult wurde immer lauter und aus der Halle kamen immer mehr Leute, teils aus Neugierde, teils aber auch aus dunkleren Motiven. Schon sprangen junge Männer und Jugendliche über den Tresen und schnappten sich bündelweise Kleidung, was bei den anderen in der beträchtlich angewachsenen Menge die Befürchtung schürte, dass bald nicht mehr genug für alle da sein würde. Die Masse drückte nach vorne. Ich hörte wie Louisa, von dutzenden Körpern schon fast an die Wand gedrückt, „Hochwasser in der Kleiderausgabe" über Funk durchgab. Hochwasser war das vereinbarte Codewort für Helfer in Gefahr, brauche sofort Unterstützung. Die schon marschbereiten Rheinländer eilten sofort an den unbeteiligt rauchenden Sicherheitsleuten vorbei los. Geistesgegenwärtig hatten die Damen von der Kleiderkammer sich untereinander eingeharkt und eine Menschenkette gebildet, in welcher sich die Kollegen sofort einharkten. So standen denn stämmige westfälische Müttergestalten Arm in Arm mit rheinischen Schwergewichten (ich bildete mit über einhundert Kilo Gewicht keine Ausnahme unter den Einsatzhelfern). Es war das erste und letzte Mal, dass ich Rheinländer und Westfalen einträchtig zum Wohl des Landes, Seite an Seite arbeiten sah. So gelang es, die Menschen zurückzudrängen. Inzwischen trafen draußen die ersten Streifenwagen der Polizei ein und der Tumult wurde beendet.

Auf dem Parkplatz an der frischen Luft kam der Einheitsführer des abrückenden Verbandes auf uns zu. „Na wann kommt denn eure Ablösung? Tschöß, war nett mit euch." Er gab das Signal zum Aufsitzen und die Kolonne setzte sich in Bewegung. Louisa stand neben mir. Wir beide zitterten, denn uns war auch ohne Worte klar, wie knapp wir dem Tode entronnen waren. „Der Mann hat recht“, sagte ich müde, „lass uns von hier verschwinden.“ Wir warteten schweigend auf dem Bordstein sitzend, bis der Bulli mit unserer Ablösung heran rauschte.

Kasernenhofgeflüster

Die vielfältigen Gründe, warum in jenem Sommer die Flüchtlingszahlen in einem seit dem Kriege ungeahnten Ausmaße zunahmen, sind in vielen klugen Büchern und Publikationen erläutert worden. Mir war und ist das letztendlich egal, warum es so war, ich hatte damals mit der Tatsache zu kämpfen, dass es so war. Mir persönlich, obwohl ich mich von Politikern nicht unbedingt angezogen fühle, hat der Satz der Kanzlerin „Wir schaffen das!" Mut gemacht. Das Staatenlenker(innen) im Namen von Humanität und Nächstenliebe politische Schwierigkeiten eingehen, ist ein in der Geschichte nicht oft vorkommendes Ereignis.

Jedenfalls erforderten neue Herausforderungen neue Lösungen und die wurden in atemberaubendem Tempo umgesetzt, ohne dass nennenswerter politischer Widerstand zu verzeichnen war. Selbst die mächtigen und selbstbewussten Landesfürsten beugten sich dem Machtwort der Kanzlerin und versuchten bestmöglich die Situation zu managen.

Für uns bedeutete das, Kasernen. In unserer Stadt gab es davon nicht zu wenige. Schon zu Kaisers Zeiten waren eine Vielzahl davon hier entstanden und im nervösen 20. Jahrhundert kamen noch etliche hinzu. Nachdem die letzten Truppen, in dem Fall Ihrer britannischen Majestät höchstselbsteigene Füsiliere (Motto: Wir haben damals Napoleon mächtig in den Arsch getreten, har, har) abgezogen waren, standen die riesigen Areale leer. Was lag also näher, als sie wieder instand zu setzen und zur vorläufigen Unterbringung von Flüchtlingen zu nutzen.

Kasernen haben zu diesem Zweck verschiedene Vorteile. Sie wurden von vornherein dafür gebaut, größere Menschenmengen über längere Zeiträume zu beherbergen und zu versorgen. In der Regel sind sie solide gebaut und übersichtlich gestaltet. Es gibt genügend Freiflächen und immer einen mächtigen Kasernenplatz, auf dem die Soldaten hin- und her zu marschieren konnten oder womit auch immer sie den lieben langen Tag verbrachten.

Außerdem hat man durch die wenigen, bewachten Zugänge einen leichten Überblick, wer kommt und geht, wer hinein Gehörte und wer nicht.

Natürlich haben Kasernen auch Nachteile. Zunächst einmal sind es in der Regel keine einladenden Orte. Schließlich wurden sie gebaut, um grimmige Krieger zu beherbergen und nicht, um rauschhafte Traumurlaube zu verbringen. Die Bauform reicht von wilhelminischen Gebäuden im Baustil, den man als „Frühes Dracula" bezeichnen könnte, bis hin zu bundesrepublikanischen Profanbauten, die so nüchtern wirken wie ein gekacheltes Bad.

Dann sind sie selbstverständlich niemals für Familien, ja häufig nicht mal für Frauen ausgelegt worden. Es fehlt an ausreichend nach Geschlechtern getrennten Toiletten und Badezimmern, Gemeinschaftsräumen und Freizeitmöglichkeiten. Außerdem gibt es viele Einrichtungen, die zu betreten gefährlich ist. Panzerrampen, Werkstätten mit allerlei gefährlichem Inventar, längst vergessene Luftschutzeinrichtungen, Munitionsbunker und dergleichen mehr. Kinder sollte man an diesen Orten besser fest an die Hand nehmen.

Dennoch überwogen klar die Vorteile und so machte man sich in Windeseile landauf, landab an die Umgestaltung der ersten Kasernen in Flüchtlingseinrichtungen.

Schon bald war die erste Kaserne so weit, dass die Leviten sie einrichten und beziehen konnten. Da der Bau von Anfang an für hunderte von Menschen ausgelegt war, hatten die Leviten im großen Stil Personal eingestellt und sich über die Organisation dieses Großprojekts her gemacht. Das ausgerechnet die Leviten dort anfangs allein hausten, war kein Zufall. Deren Geschäftsführer, Herr Bulgendorf, den ich ja bereits bei jenem denkwürdigen Pressetermin in unserem Sanbereich getroffen hatte, war bei Weitem mehr als nur ein viel zu dicker Mann mit kleinem Kopf. Sein Werdegang war ähnlich dem von Meyer zum Hofe, nur dass die Bandagen, mit denen bei den Leviten gekämpft wurden, etwas härter waren als anderswo. Dort wurde nämlich in demokratischer Abstimmung von allen Mitgliedern ein Vorstand gewählt, eine Vorstellung, bei der sich unsere christlichen Hilfsorganisationen bekreuzigten, und dieser hatte dann das Sagen und Einfluss auf die Geschäftsführung. Das bedeutete, dass deren Geschäftsführer ständig dabei war, ähnlich wie ein Berufspolitiker Mehrheiten hinter sich zu versammeln, um nicht bei der nächsten Wahl abgesägt zu werden. Dieses Spiel aus Intrigen, Hinterzimmer Gesprächen und doppelzüngigen Versprechungen beherrschte Bulgendorf virtuos. Dabei setzte er geschickt sein Äußeres ein, das nicht vermuten ließ, welch intriganter Geist sich in diesem massigen Körper verbarg.

So hatte er es erreicht, dass die Leviten die Kaserne zunächst allein führten, und somit auch den Kuchen nicht teilen mussten. Die anderen blieben brav in der Albert-Schweitzer Schule und rührten im eigenen Quark. Dann aber machte Bulgendorf einen Fehler, er gab im Lokalfernsehen eine Vorstellung, die bald landesweit zu sehen war. Voller Besitzerstolz berichtete er dem Fernsehteam von den beschwerlichen Vorbereitungen, die Gebäude und Anlagen der Kaserne in Gang zu setzen und dass die Leviten das alles hier tipptopp organisiert hatten und keine Kosten und Mühen gescheut hätten. Während er über das Gelände watschelte, sah man im Hintergrund Levitenfahrzeuge, Menschen in Levitenkleidung und sogar Flüchtlingskinder in Leviten T-Shirts. Von den anderen Hilfsorganisationen kein Wort, auch nicht davon, dass das alles von der Regierung bezahlt worden war und die Leviten keinen Cent in die Hand genommen hatten. Es mag für seine eigenen Machtinteressen von Vorteil gewesen sein, eine solche Show abzuziehen, aber bei den anderen Geschäftsführern klingelten am nächsten Tag die Telefone. Ich habe keine Ahnung, wie der Wortlaut der Telefonate war, aber es dürfte Sinn gemäß immer das gleiche gewesen sein. Am anderen Ende war irgendein Obermotz (oder Odermotzin) der jeweiligen Organisation und regte sich darüber auf, dass auf einmal nur noch von den Leviten im Zusammenhang mit unserer Stadt die Rede war. Man habe doch das „Bündnis für unsere Stadt“ und nun das. Während sie in dieser abgerockten Schule hocken, streichen die Leviten die Lorbeeren ein, man solle nun endlich mal den Finger aus dem Po nehmen und handeln, der nächste Anruf in dieser Sache würde sonst unfreundlicher oder so ähnlich. Und so kam es, dass der Kuchen neu verteilt wurde. Wir und die Rhodosier sollten gemeinsam mit den Leviten die Kaserne gleichberechtigt betreiben, während die goldene Sonne die Schule allein weiterbetreiben sollte. Als ich diese Order mit meinem Marschbefehl in die Lexington Kaserne bekam, musste ich gleich an den Spruch denken: „Es können nicht zwei Hähne auf einem Miste krähen.“

Spendenboxen

Die Wache am Eingang salutierte vor mir. Ich war dergleichen nicht mehr gewohnt. Trotz Manchen militärischen Gepflogenheiten, waren das Erweisen einer Ehrenbezeugung in dieser Form schon vor langer Zeit auch in den Hilfsorganisationen abgeschafft worden. Ich schaute ihn verwirrt an, dann brach er in Lachen aus. „Cretino! Du erkennst wohl keine kleinen Leute mehr, seit du so ein hohes Tier bist." Nun erkannte ich ihn, es war Guiseppe, ein alter Freund aus meinen glorreichen Tagen bei der Luftrettung. Damals gehörte er zur Bodencrew und wir hatten viele gemeinsame Stunden in einer zugigen Hütte am Rande des Flugfeldes miteinander verbracht, uns aber vor Jahren aus den Augen verloren. „Furfantino, come stai, caro mio?", fuhr es mir auf Italienisch heraus. „Allora", seufzte er, „du sieht ja neuer Job, alte Leier. Und man wird nicht jünger." „Du alter Schwerenöter, ich wette, mit deinen graumelierten Schläfen bist du der Schwarm aller Frauen zwischen 18 und 80." Er sah tatsächlich wie ein Filmstar aus alten italienischen Filmen aus. „Senta, ist vorbei, die schöne Zeit, zu Hause wartet Mama und zwei Töchter." „Und wie geht es hier?"Er blickte mich mit verschwörerischer Miene an. „Böser Ort hier, halte deine Augen auf und dein Herz geschlossen. Jeder hier spielt sein eigenes Spiel." Ich plauderte noch kurz mit ihm, dann betrat ich das Gelände. In der folgenden Zeit trafen wir uns gelegentlich zum Essen und Plaudern. Nach außen taten wir so, als ob wir einander nicht kannten. Er frischte meine Italienischkentnisse auf und erzählte mir alles, was er so hinter den Kulissen mitbekam und das war einiges.

Ich betrat das Gebäude, in dem die Einrichtungsleitung und der Sanitätsbereich untergebracht waren über eine ausgetretene Steintreppe. Weiter hinten am Gebäude war ein Holzvordach, welches eine Rampe überspannte und an dem jeweils in metergroßen Kreisen das internationale Schutzsymbol der goldenen Sonne aufgebracht war. In Englisch war der beleuchtete Schriftzug „Infirmary" - Krankenstation zu sehen. An der Rampe stand ein Krankenwagen der Leviten, dessen Fahrer lässig an die Motorhaube gelehnt eine Zigarette rauchte. Da ertönte von drinnen eine schrille Frauenstimme: „Rauchen ist hier verboten. Außerdem steht der Wagen auch ohne Sie!" Der junge Mann warf seine Fluppe weg und stand grade. „Wehe ich finde gleich draußen eine Kippe!", drohte die Stimme. Ich beobachtete die Szene nicht weiter und trat ein. Ein junger Mann in der Einheitsjacke, die ihn als Einrichtungsleiter auswies und die ich auch trug, kam mir entgegen. Er war so Mitte dreißig und hatte eine für Hilfsorganisationsverhältnisse ungewöhnlich schmächtige Statur. Sein freundliches Lächeln wirkte sympathisch. „Hi, ich bin Marc schön dich kennenzulernen. Komm wir gehen in mein - oh sorry- - in unser Büro." Ich begrüßte ihn höflich und wir gingen in das Büro der Einrichtungsleitung. Abgesehen von der Standard-Büroeinrichtung viel mir sofort auf, dass der große Raum gerappelt voll mit Kartons und Gegenständen war, die ich nicht unbedingt hier vermutet hätte. Bündelweise Regenschirme mit Werbeaufdruck, in Plastikfolie eingepackte Allwetterkleidung, neues Spielzeug aller möglichen Hersteller - originalverpackt, Kartons mit Weinpräsentkörben, Aktenkoffer und Treckingrucksäcke, Einmannzelte und dutzende Kartons auf denen die Markenlogos von Süßigkeiten Herstellern prangten.

„Setz dich." Er wies auf eine Sitzgruppe, die ebenfalls mit Sachen Voll gestellt war. „Schaff dir Platz! Kaffee oder Tee?" Er ging zu einem neuen und hochwertig aussehenden Kaffeevollautomaten mit blitzblanken Hebeln und Schaltern. „Tee, Earl Grey, heiß, bitte", antwortete ich. Während Marc mir die wichtigsten Daten und Fakten zur bestehenden Einrichtung herunterrasselte (ich hatte bereits ein Dossier mit diesen Informationen vorab bekommen), sah ich mich um. „Warum ist denn unser Büro mit diesem ganzen Geraffel hier zugemüllt?", wollte ich wissen. „Na das sind die Spenden, die unsere Orga einsammelt. Wir haben nämlich dafür Profis und neben Geldspenden werden auch jede Menge Sachspenden abgegeben." „Aber wozu denn all dieser Kram, was sollen wir beispielsweise mit", ich griff neben mir einen Karton und las das Etikett vor, „Inhalt: Präsentkorb „Kleiner westfälische Herr"", Lagerkorn, Bier, Mettwurst, alkoholhaltige Pralinenmischung und Pumpernickel?" (Man hätte das Ding auch „Kleiner westfälischer Herr mit einem Alkoholproblem" nennen können.) „Alles Spenden, die Firmen abgeben und wir fragen nicht." Ich verstand. Alles, was irgendwo rumlag oder übrig war, wurde gegen eine wertvolle Spendenquittung den Leviten übergeben.

„Komm, ich stell dir den Sanitätsbereich vor." Marc wirkte gut gelaunt. Auf dem Weg über den langen Flur erzählte er, dass er erst vor ein paar Wochen bei den Leviten angeheuert hatte, zuvor war er als Diplom-Kaufmann in einer internationalen Spedition tätig gewesen, die leider ihre Deutschlandniederlassung dicht gemacht hatte. Wir gingen durch eine Doppelglastür und klopften an eine Tür. „Herein." Die Stimme kannte ich. Sie gehörte derselben Person, die den Krankenwagenfahrer zusammengefaltet hatte. Eine junge Frau mit kurzer schwarzer Bob-Frisur und in weißer Dienstkleidung saß hinter einem Schreibtisch und war grade dabei, Schokoladen Osterhasen aus ihrer Aluverpackung zu nesteln und die Schokolade in eine große Schüssel zu werfen. Sie blickte kurz von ihrer Beschäftigung auf und lächelte Marc an. „Ich mach daraus Mousse au Chocolade, als kleinen Motivationskick für meine Crew.“ „Darf ich dir Jean-Luc vorstellen, unseren Einrichtungsleiter-Kollegen von den Martinern.“ „Nett dich kennenzulernen, ich bin Corinna.“ Sie reichte mir die Schokoladen verschmierte Hand. „Hallo Corinna, ich habe schon von dir gehörte (und zwar vor ein paar Minuten, was ich aber für mich behielt). Du bist du die Leiterin des Sanbereich?“ Ich sah mich um und putze mir unauffällig die Hand an einem Taschentuch ab. Hatte mich unser Einrichtungsleiterbüro bereits erstaunt, war ich jetzt entsetzt. Überall standen Kuscheltiere herum, alle neu. Einige von ihnen waren diese Teddys mit einem Verband um den Kopf, die man Kindern zum Trost im Rettungswagen schenkt. („Deine Mami und dein Papi sind zwar grade von einer Dampfwalze überfahren worden und du musstest zugucken, aber schau mal, dafür bekommst du nun diesen Teddy.“) Dazu stapelweise Süßigkeiten, Spielzeug, Dekostoffe in allen möglichen Pastellfarben, die die Fenster und Wände bedeckten. Außerdem ein großer Flachbildfernseher und eine Couch mit rosafarbenen Blumenmustern, auf der Bettzeug im Peter-Rabbit-Design lag. Dazu noch künstliche Blumensträuße und unglaublicher Weise Girlanden, die quer durch den Raum gespannt waren.

„Ich ahne schon, alles Spenden“, stöhnte ich. „Ja, es ist einfach super“, gluckste sie. „Magst du Mousse aux Chocolade?“ „Nein danke, ich glaub, ich muss weiter.“ Ich drehte mich um, und stolperte fast über eine Kiste. Ihr Inhalt ergoss sich über den Fußboden. Es waren lauter kleine Gumibärchen Tüten mit dem Leviten-Logo aufgedruckt. Darauf stand außerdem „Danke für ihre Spende“.

Zimmerservice

Bevor wir auf den nächsten Flur gingen, hörten wir bereits den Lärm von vielen Stimmen in unterschiedlichen Sprachen laut durcheinander Rufen. Der Flur war, obwohl wie alle Kasernenflure sehr breit, da ja dort ursprünglich Soldaten zügig zu den Waffen oder zur Essensausgabe eilen sollten, vollgestopft mit Menschen. Es herrschte ein Gedränge wie im Zwischendeck eines Truppentransporters bei einem Torpedoalarm. Als sie unsere Uniformen sahen, machten uns die aufgeregten Menschen widerwillig Platz und wir quetschten uns in ein Büro. Drinnen redete ein junger Mann in einer Mischung aus Französisch und arabisch auf einen am Tisch sitzenden Mann mittleren Alters in Zivil ein. „C'est inacceptable! Zwataj! Encainte! Une propre chambre!" Der Mann am Schreibtisch rührte keine Miene und murmelte leise: „English, please! Oder deutsch, ich verstehe Sie nicht und kann Ihnen nicht helfen." Er hatte dabei trotz des aufgebrachten Mannes vor sich einen Gesichtsausdruck, als würde er dem Wetterbericht lauschen. „Er sagt seine Frau ist schwanger und benötigt ein eigenes Zimmer", sprang ich in die Bresche. „Oh prima, sind Sie der Übersetzer, den wir angefordert haben?" Er blickte auf und sah mich weiterhin ohne erkennbare Gemütsregung an. „Sagen Sie ihm, nahezu alle Frauen zwischen 16 und 60, die herkommen sind schwanger. Ich kann nichts für ihn tun." Ich übersetzte, woraufhin der Mann anfing zu lächeln und in der Innentasche seines Jacketts kramte. Er zog einen Briefumschlag raus und hielt ihn mir hin. Dabei deutete er auf dem am Tisch sitzenden, dass ich den Umschlag weiter zu geben sollte. Ich tat das nicht, sondern sah in den Umschlag. Er enthielt 10 Euro Scheine, ich schätze mal so 100 Euro insgesamt. Ich zeigte den Umschlag allen und der am Tisch Sitzende sagte nun mit etwas mehr Timbre in der Stimme. „Sagen sie ihm, hier in Deutschland funktioniert diese Nummer nicht. Ich kann wirklich Nichts für Sie tun." leise murmelte er: „Schon der zweite heute." Ich gab den Umschlag zurück und erklärte dem nun verwirrt Dreinblickenden, dass deutsche Beamte öffentlich an den Fußsohlen ausgepeitscht würden, wenn sie Bestechungsgelder annähmen, deshalb sollte er es nie wieder ersuchen. Das leuchtete ihm ein und er verschwand.

Ich muss hierzu vielleicht kurz etwas erläutern. In den meisten Ländern der Welt bedeutet der Satz „Ich kann nichts für Sie tun." aus dem Munde eines Amtsträgers „Ich werde nichts umsonst für Sie tun." Das hat verschiedene Gründe. Die kulturelle Prägung ist einer. In vielen Kulturen bedeutet Unbestechlichkeit, dass man lediglich nichts gegen Geld tut, was grob gegen die eigenen Amtspflichten verstoßen würde, aber das heißt noch lange nicht, dass man etwas unentgeltlich tut. Von vornherein wird davon ausgegangen, dass die zusätzlichen Einnahmen ein Teil des Gehaltes sind, welches dem entsprechend niedrig ist.

Ein anderer Grund ist die Erfahrungen, die Menschen auf der Flucht sammeln, dass man schlicht ohne Geld nicht weit kommt. Leider, wie später noch zu berichten sein wird, ist eine Flucht ohne Geld, egal woher und egal wohin, ohne ein Minimum an Geld so gut wie unmöglich. Meist scheitert sie sonst bereits am ersten Checkpoint, wo grimmige Gestalten mit Kalaschnikows bewaffnet nur gegen Bares passieren lassen. Je länger die Reise dauert, umso mehr Checkpoints, Grenzstellen, Polizeikontrollen und menschengemachte Hindernisse aller Art, ganz zu schweigen von der Natur gemachten, müssen überwunden werden. Und immer wieder das gleiche Elend.

Natürliche Hindernisse lassen sich nicht mit Geld überwinden, menschliche schon. Besitz ist auf der Flucht überlebenswichtig, mehr noch als alles andere.

Bevor Sie sich also auf ein hohes Ross schwingen und sich moralisch über Korruption auspupsen, hier noch ein paar kleine interessante Fakten. Deutschland belegt auf dem Weltkorruptionsindex Platz 11, Syrien Platz 178 von 180 untersuchten Staaten. Dennoch schätzte allein die deutsche Wirtschaft nach einer Umfrage des angesehenen Institut der Deutschen Wirtschaft (IW) in Köln den durch Korruption verursachten Schaden für deutsche Unternehmen auf 335 Milliarden Euro, was ungefähr dem Brutto Innlandprodukt Dänemarks entspricht. Darüber hinaus hat der Europarat Deutschland im selben Jahr angemahnt, dass beispielsweise Beteiligungen der Politiker an Unternehmen detaillierter dargelegt werden müssen. Und es brauche klarere Regeln für den Umgang mit Lobbyisten. Die Korruption findet hierzulande schlicht auf einem anderen Niveau statt.

Nachdem Marc den Irrtum aufgeklärt hatte, dass ich trotz meiner Sprachkenntnisse nicht der Übersetzer, sondern der neue Einrichtungsleiter-Kollege wäre, stellte er mich Konstantin, einem der Sozialarbeiter vor, der ebenfalls von den Martinern hierher abkommandiert worden war.

„Die Leute stehen alle hier Schlange, weil sie ein anderes Zimmer wollen. In der Regel haben wir hier sechs- oder acht-Bett-Zimmer, sodass sich häufig zwei Familien einen Raum teilen müssen. Wir trennen allein reisende Männer und Familien mit Kindern beziehungsweise Ehepaare. Außerdem versuchen wir, die Nationalitäten etwas zu trennen oder die Sprachgruppen. In den letzten Tagen kommen immer mehr Menschen aus Syrien. Es ist wie Tetris, kaum hast du eine

Reihe geschafft, kommt schon die nächste." „Wie behaltet ihr den Überblick, dass jeder auf dem ihm zugewiesenen Zimmer bleibt?" Meine Frage war angesichts der Tatsache, dass schon jetzt 800 Menschen in mehreren Gebäuden wohnten durchaus berechtigt. „Gar nicht, die Leute kommen her und beschweren sich, dann reagieren wir." Er machte eine hilflose Geste, bei der sein Kinn auf sein Brustbein sank und seine Schultern fast die Ohren berührten. „Es ist uns ja nicht erlaubt, die Zimmer zu betreten." „Wie bitte? Warum das denn nicht?", fragte ich verblüfft. „Eine Weisung der Regierung, wir dürfen Bewohnerzimmer nur bei Gefahr im Vollzug betreten. Man möchte, dass den Menschen Privatsphäre zugestanden wird", klärte mich Marc auf. „Und das bedeutet, sobald die ein Zimmer haben, können sie dort machen was sie wollen?" Ich war perplex. „Ja, wenn was ist, kommen sie halt zur Sozialarbeit und beschweren sich. Deshalb ist hier immer viel los."

Als ich mich mit Marc wieder durch die Menge auf dem Flur drängelte, fiel mir auf, dass fast alle Männer neue Trainingsanzüge trugen. Ich fragte ihn, ob das ebenfalls ein Resultat der Sammelleidenschaft der Leviten sei. Er erwiderte mit finsterer Miene, „Nein, dafür ist jemand anderes verantwortlich." „Und wer?", fragte ich unbedarft. „Frau Steinbrink-Heidenau, davon muss ich dir später in Ruhe erzählen, jetzt gehen wir erst mal zur Essensausgabe." Ich war gespannt.

Zeltplanen

Mitten auf dem ehemaligen Exerzierplatz war ein großes Zelt aufgebaut. Es war eines von jenem Typ, wie es gemeinhin für die Veranstaltung von Schützenfesten und anderen rituellen Trinkgelagen, denen sich die Deutschen seit sie auf Bärenhäuten zu beiden Ufern des Rheins lagen mit Leidenschaft hingebe, genutzt wird. Doch anstatt das nun im Inneren rotwangige Maiden den durstigen Kriegern Krüge mit schäumendem Gerstensaft servieren, während im Hintergrund eine Blaskapelle Sauflieder zum Besten gibt, war es hier drinnen merkwürdig still. Ein langer Tresen, der von einer ebenso langen Reihe sogenannter Hamburger Gitter gesäumt war, längliche Metallzäune, die sich ineinander verhaken lassen, so dass sie fest wie sturmerprobte Hanseaten während einer Rezession stehen. Bierzeltgarnituren, die noch nach der Kotze des letzten Trinkgelages rochen, und ein paar niedrig hängende, flackernde Neonröhren vervollständigten ein Bild von unbeschreiblicher Tristesse. In dem mehr als tausend Personen fassenden Zelt saßen an Tischen vereinzelt vielleicht 50 Menschen, obwohl es Mittagszeit war. Ab und zu schlurfte ein junger Mann in Addiletten herein, griff sich ein paar Scheiben trockenen Toastbrotes, die am Anfang des Tresens in Plastikwäschekörben sich allmählich in Hartgummi verwandelten und schlappte wieder heraus. Wir gingen zum Ausgabetresen, wo wir beide je eine Schüssel bekamen. Der Inhalt sah aus, als habe sich jemand in den Behälter erbrochen. Die Substanz roch, als habe jemand versehentlich eine Familienpackung Soßenpulver in einen Duftzerstäuber gepackt und damit die Suppenschüsseln besprüht. Eine dralle Küchenhilfe hielt eine geradezu obszön aussehende gekochte Fleischwurst, von der

Länge und Form von... naja, sagen wir einer Fleischwurst. „Geflügelwurst meine Herren?“, rief sie fröhlich und schwenkte das Ding mit einer Wurstzange über ihrem Kopf. Gedankenverloren ließ ich die Wurst in meine Schüssel schleudern, deren Inhalt sich teilweise über mein Tablett ergoss. Wenigstens meine Jacke blieb verschont. Ich war sicher, sonst hätten die Tropfen zischend Löcher in den Stoff gefressen. Am Ende des Tresens standen mehrere Warmhaltebehälter mit Heißwasser und Kaffee. Wir nahmen uns je einen Becher, entsorgten unseren Eintopf ohne einen weiteren Blick drauf zu werfen in den Restmüllbehälter und setzten uns an einen der vielen leeren Tische. Marc schwieg eine Weile, während er verlegen seinen Kaffee schlürfte, und sagte dann: „Tja, man hat die Uniklinik als Caterer beauftragt, und du siehst es ja mit eigenen Augen“, er deutete in das nahezu leere riesige Zelt, „die Leute versorgen sich lieber selber.“ Die Verpflegung der Uniklinik war überall berüchtigt. Wenn man dort lag, hatte man die Wahl zwischen Mahlzeiten, die offenbar aus Tierfutter hergestellt wurden oder einen der zahllosen Lieferdienste, die dort in einer unablässigen Prozession den Darbenden beim Überleben halfen.

„Und wo bereiten die Leute ihre Mahlzeiten zu?“ „Auf den Zimmern, aber kochen geht nicht, weil sonst die Brandmeldeanlage anspringen würde.“ „Hat sich denn niemand bisher beschwert?“ „Bisher nur vereinzelt, die Bewohner sollen ja theoretisch nur ein paar Tage hierbleiben, maximal eine Woche. Dann sollen sie registriert und in andere Einrichtungen verteilt werden.“ „Was ist mit der vorhandenen Kantine, kann die nicht in Betrieb genommen werden.“ „Tja“, Marc kratzte sich am Kopf, „die Geschichte ist die: Als die glorreiche britische Armee abzog, wurde die Einrichtung der Kantine verkauft, eine ganze Großkücheneinrichtung. Als wir hier einzogen, bestand der Plan, die Küche in Eigenregie in Betrieb zu nehmen. Die Anschlüsse und alles waren ja auch vorhanden, man brauchte nur eine Großkücheneinrichtung. Und wie der Zufall es wollte, erklärte sich ein lokales Industrieunternehmen bereit, seine eigene Großkücheneinrichtung gegen Abbau zu spenden, da man dort eine Neuere baute." „Na prima", warf ich ein, dann schien das Problem ja gelöst. „Fast", sagte Marc, „komm ich zeig dir was. Wir verließen das Zelt und gingen quer über den Exerzierplatz, auf ein modern aussehendes Gebäude an dessen Ende zu. Großzügige Treppenaufgänge und sogar eine Behindertenrampe machten es leicht zugänglich, moderne Fensterfronten verhießen ein freundlich helles Inneres. Als Marc die Glastür aufschloss, kam uns widerlicher Verwesungsgeruch entgegen. Im ehemaligen großen, und wie ich richtig vermutet hatte, lichtdurchflutetem Speisesaal befand sich ein unübersehbares Gewirr aus Aluminiumteilen, elektrisch betriebenen Kesseln, in denen man mühelos ganze Rinderhälften hätte kochen können, Gerätschaften aller Art, alles aus Aluminium, mit heraushängenden Elektrokabeln und kreuz und quer durcheinander. Alles starrte vor Schmutz und stank bestialisch. „Das ist die gespendete Großküche!", verkündete Marc. „Was ist passiert? Wurdet ihr beim Abladen von einer Horde Wikinger angegriffen und habt nach erfolgreicher Schlacht ihre Leichen unter den Trümmern liegen gelassen?" Marc lachte. „So ähnlich. Als das Angebot kam, die Küche abzubauen, haben die Bosse der Hilfsorganisationen beschlossen, das in Eigenregie zu machen. Also hat jeder seine entsprechenden Helfer mit LKWs ausgerüstet zu der Abbaustelle geschickt. Dort angekommen hatte niemand das Kommando und anstatt alles zu reinigen und sorgfältig abzumontieren, haben sich einfach alle, wie es ihnen in den Sinn kam, an den Abbau gemacht. Viele hatten keine Ahnung, dass das ganze wiederverwertet werden sollte, also wurde alles, was zu kompliziert erschien mit Flex und Schneidbrenner getrennt. Es war, als ob eine Bande von Minions auf LSD sich über die Küche hergemacht hätte. Und weil man schon dabei war, hat man auch die restlichen Lebensmittel aus den Kühlkammern mit aufgeladen. Dann transportierte man das Ganze hierher und vermeldete stolz den Auftrag erledigt zu haben. Da nun alle davon ausgingen, der jeweils andere habe das Ganze kontrolliert und überwacht, legten sich alle bequem zurück, bis man nach ca. einer Woche bei warmem Wetter mit einem Großküchenfachmann hier auftauchte, der den Aufbau beraten sollte. Vor allem die zwei Zentner ehemals gefrorenen Hackfleisch müssen einen interessanten Anblick geboten haben", bemerkte Marc süffisant. „Das Geschrei war groß, jeder gab dem anderen die Schuld und seither tat sich nichts mehr. Das ist nun 3 Monate her. Da die Eröffnung kurz Bevor stand, beschloss Bulgendorf, um nicht doof dazustehen, provisorisch ein Zelt auf dem Exerzierplatz aufbauen zu lassen und zu warten, bis Gras über die Sache gewachsen wäre. Also wurde über Nacht der nächstbeste Zeltverleih organisiert und die Uniklinik mit der vorläufigen Versorgung beauftragt. Der Regierung, die ja momentan völlig überlastet ist, wurde erzählt, es gäbe technische Schwierigkeiten und deshalb bräuchte man ein Provisorium, natürlich nur für kurze Zeit und man werde so schnell als möglich die Kantine in Betrieb nehmen." Wir schlossen schnell wieder die Tür. Auf dem Weg zurück kamen wir am Großzelt vorbei. „Das Ding kostet alles in einem 4000 Euro pro Tag, aber dafür zahlt ja der Steuerzahler." Marc gefiel mir, er hatte eine angenehm trockene Art. Die Zeltplane flatterte im aufkommenden Wind

Namenstage

Ich muss gestehen, dass wir die vielen Herausforderungen, eine so große und komplexe Einrichtung zu organisieren, anfangs mehr schlecht als recht meisterten. Zu unserer aller Verwunderung kümmerte man sich auf den Ebenen über uns nicht einmal Ansatz weise um die Details. Die Behörden ließen uns im Wesentlichen vor uns hin wursteln, ab und an kam mal eine Weisung, aber die waren wenig hilfreich, denn niemand sagte uns, wie wir die Probleme des Alltags wirklich lösen sollten.

Dafür hatten auch unsere Vorgesetzten kein Verständnis und vor allem Interesse, obwohl sie regelmäßig Vorbei kamen, aber dann lediglich monierten, am Eingang einen vollen Papierkorb gesehen zu haben, oder dass ihnen beinahe ein Kind auf dem Gelände beim Spielen vor das Auto gelaufen wäre. Jeder blaffte ein wenig herum, je nach Temperament und Tagesform und verschwand dann wieder, bevor wir wichtige Probleme erörtern konnten.

Einmal stand Knüllenbrink in unserem Büro und schrie uns beide an, dass ihn ein Sicherheitsmann aufgehalten hatte, während er auf dem Gelände mit seinem Auto unterwegs war. Der Mann schrie gerne und viel, vor allem wenn er noch Restalkohol im Blut hatte, was regelmäßig der Fall war. Er verlangte den Chef des Sicherheitsdienstes zu sprechen und als dieser herbeigeeilt war, lautstark die sofortige Entlassung des betreffenden Mitarbeiters. Den Einwand, dass dieser nur seine Pflicht getan habe, da auf dem Kasernengelände Schrittgeschwindigkeit herrsche und Knüllenbrink stets mit überhöhter Geschwindigkeit rücksichtslos fuhr, ließ er nicht gelten.

Soweit ich mich erinnere, war das sein einziger Auftritt in dieser schwierigen Organisationsphase. Giuseppe berichtete mir später, dass Knüllenbrink sich höheren Ortes durchsetzen konnte und der Wachmann entlassen wurde. Er meinte dazu nur, dass ein italienisches Sprichwort lautet: „Man sollte Mitleid haben mit denjenigen, die sich alles erlauben können".

Aber zurück zu unserem drängendsten Problem, wohin mit all den Leuten? Und damit meine ich weniger die Unterbringung, als vielmehr wohin wir sie schicken sollten? Die Registrierungsstelle am Flughafen war bereits seit Wochen hoffnungslos überlastet. Ohne mit Papieren ausgestattet zu sein, konnten die Menschen nicht weitergeleitet werden, also verblieben sie bei uns. Wir konnten nur versuchen, die Namen und Herkunftsländer der zu uns geschickten provisorisch zu erfassen und in eine Bewohnerliste zu übertragen. Alleine hierbei tauchen schon Schwierigkeiten auf, die dem Normalbürger nicht klar sind. Als gute Deutsche denken Sie sich das wahrscheinlich so: Die Menschen kommen an, zeigen ihre wenn möglich elektronisch lesbaren Papiere. Diese werden dann in eine Liste übertragen und alle freuen sich anschließend wie schön doch die Welt ist, während Bambi und Klopfer draußen über die Blumenwiese tollen.

In der realen Welt sah das leider weniger idyllisch aus.

Da waren vorerst die Menschen ohne amtliche Papiere. Auf der Flucht können Papiere Fluch und Segen sein, schließlich geben sie an, wer Sie sind und damit auch genau, wessen Feind sie aus religiösen, politischen oder ethnischen Gründen sind. Jeder Checkpoint und jede Grenzübertrittsstelle wird so, abgesehen von der dort betriebenen Straßenräuberei, zu einer zusätzlichen Zitterpartie. Wird man Sie passieren lassen, wenn Sie der falschen Volksgruppe oder Religion angehören oder schlicht aus der falschen Gegend stammen? Auch Ihre Fluchtgefährten könnten Ihnen deshalb Böses wollen. Also bei Gefahr lieber die verhängnisvollen Papiere loswerden. Außerdem könnten Sie ja in irgendwelche Verbrechen verstrickt sein oder Papiere eines Landes besitzen, das man als „sicher“ im Westen ansieht und sie dahin zurück zu schicken, obwohl sie dort Folter und Tod erwarten. („Sicher“ bedeutet nach westlicher Definition, dass dieser Staat oder deren Machthaber sicher viel Geld für Waffenkäufe bei uns ausgeben.) Stattdessen haben Sie nur alle möglichen Zettel, angefangen von serbischen „Quittungen“ von Sachen, die man Ihnen dort seitens irgendwelcher Uniformierten weggenommen hat, bis hin zu ungarischen Flugblättern, die Sie in der Landessprache dazu auffordern, sich schleunigst von dort zu verpissen, Ausgabescheine für Essen und Kleidung von Wohltätigkeitsorganisationen und dergleichen mehr. Da Sie das meiste davon nicht lesen können, Sammeln Sie alles und zeigen es anstelle amtlicher Dokumente vor.

Dann sind da noch Menschen mit falschen oder gefälschten Papieren. Die Gründe, solche Papiere zu besitzen sind die gleichen wie oben. Im ersten Moment sind falsche von echten Papieren nicht zu unterscheiden, für uns Laien schon gar nicht. Ein verwaschenes Dokument mit Stempeln auf Arabisch und einem schlecht zu identifizierendem Foto (würden Sie sich auf ihren Führerscheinfoto wiedererkennen?) kann ebenso gut der Personalausweis, aber auch der Nutzerausweis der öffentlichen Bücherei von Damaskus oder die Monatskarte der Verkehrsbetriebe von Karachi sein. Oder ein Dokument, das Sie gefunden oder gestohlen haben. (Halten Sie jetzt nicht empört den Atem an. Wenn Sie auf der Flucht wären, würden Sie schneller anfangen zu klauen, als Sie das Wort Eigentumsdelikt buchstabieren könnten, mein Wort drauf.)

Dann kommt noch die Namensübertragung hinzu. Jeder Name muss in lateinischen Buchstaben übertragen werden. Machen Sie doch mal folgendes Spiel. Versuchen Sie mal folgende Wörter sinnvoll mit Vokalen zu ergänzen: Vltntr, Schlfch, Skndnklbr, Cmptr. Sie ahnen, wie schwer es also ist, aus einer Sprache die nur Konsonanten schreibt, lateinische Namen zu bilden. Dazu gibt es zwar Regeln, die aber stark von Region zu Region abweichen. Sind Sie also Sabine Meier oder Sebane Miaira oder Subena Muirai? Als nächstes kommen Ausspracheregeln. Die Deutschen sagen das Alphabet so: Ahh, Behh, Zeh, Deh, Ehh, Eff, Geh; ein Engländer: Ej, Bi, Cii, Dii, I, Eff, Dzij,; ein Russe: A, Bä, Tschäh, Dähh, Ej, Epf, Tscheh; das Spiel geht in allen ca. 7000 weltweit gesprochenen Sprachen.

Also können Sie sich allein unsere Schwierigkeiten bei der Namensregistrierung vorstellen. Dazu kommen dann noch Geburtstage. Wissen Sie, wann Sie nach dem islamischen, chinesischen, koptischen oder julianischen Kalender Geburtstag haben? Und ist das in Ihrer Kultur überhaupt wichtig? Vergessen sie nicht, dass nur vor einer Generation in vielen Gegenden Deutschlands der Namenstag eine größere Rolle als der Geburtstag spielte. Daher wählen Menschen, die schlagmals mit diesem für sie neuen Problem einfach ein leicht zu merkendes Datum im gregorianischen Kalender wie 1.1. oder 1.6. oder 1.12. um eine schnelle Antwort auf ein für sie zweitrangiges Problem zu finden.

Zuletzt noch die bereits beschriebenen Unterschiede der Definition von Familie. In manchen Kulturen hat jedes Familienmitglied einen eigenen Nachnamen, sofern das Konzept von individuellen festen Nachnamen überhaupt existiert (- tut es häufig nicht). Auch hier spielt der jeweilige soziale Status der Person eine Rolle, so kann sich Ihr Name ändern, je nachdem, mit wem Sie reden, und wie dessen soziale Position verglichen mit ihrer ist. Sie fügen eine Silbe hinzu oder lassen eine weg, oder Ändern die Reihenfolge der Silben ihres Namens. Umgekehrt werden Sie von sozial Höhergestellten ebenfalls anders angeredet. Je nach Lage sind Sie Sabine dieschonnachlourdesgepilgerte Meier, Frau von Meierderinwuppertalwohnt, Sabine diehoffentlichletztetochter des Meierderkeinesöhnehatoder einfach nur „He Du!".

Das Chaos ohne sachverständige Hilfe war vorprogrammiert und wir konnten nur diejenigen zur Registrierung schicken können, deren Identität halbwegs gesichert war. Der Kampf mit der Bewohnerliste sollte eine der großen Herausforderungen unserer Arbeit sein, aber bei weitem nicht die einzige.

Schleichwege

Die nächste Frage, die uns umtrieb war, wieso brauchten wir immer mehr Betten, obwohl wir offiziell voll belegt waren und momentan keine Busse zu uns geschickt wurden? Jeden Morgen berichtete die Wache von Menschen, die im Laufe der Nacht angekommen wären und bei uns aufgenommen werden wollten. Wir hatten Weisung der Regierung, direkt bei uns ankommende Flüchtlinge vorläufig aufzunehmen und dann zwecks Weiterleitung in andere Unterkünfte, was jedoch nie geschah, zu melden. Im Schnitt kamen jeden Tag ca. 30 bis 40 Personen auf diese Weise zusätzlich an. Dieses Phänomen verdient eine genauere Betrachtung:

Erst einmal in Deutschland angekommen, machten die Menschen die Erfahrung, dass nicht jede Unterkunft die gleichen Ausstattungsmerkmale hatte. Wurden sie in einer Halle oder ähnlichem untergebracht, war aus den beschriebenen Gründen dieses nur für eine sehr kurze Zeit erträglich. Ebenso war die Unterbringung an abgelegenen Orten ohne Infrastruktur, öffentlichen Verkehrsmitteln oder Einkaufsmöglichkeiten problematisch. Auch mit wem sie untergebracht wurden, konnte problematisch sein. Konflikte und ihre Ursachen sowie Vorurteile gehören zum Fluchtgepäck. Nur weil der Mensch neben ihnen auch auf der Flucht ist, bedeutet das nicht, dass man ihn auf einmal mag oder Solidarität mit ihm empfinden. Schon gar nicht, wenn er zu denen gehört, die man für das Elend von Flucht und Vertreibung verantwortlich macht, ob dieses nun berechtigt oder ein Produkt von Vorurteilen oder Propaganda ist. Flucht macht einen weder zu einem besseren noch schlechteren Menschen, als der man vorher auch war. Es macht einen aber auf jeden Fall härter, um sich und seine

Familie bestmöglich zu schützen. Alles andere ist einem im Zweifel schnell völlig egal.

Also versteckten sie im Zweifel ihre Papiere oder entsorgten sie, und machten sich auf den Weg in eine andere, bessere Unterbringung. Dass sie dann doppelt oder mehrfach registriert wurden und den Ablauf der Bürokratie störten, war ihnen völlig zurecht schnuppe. Später äußerte sich auf einer der selten stattfindenden, großen Lagebesprechungen Bulgendorf, es wäre ja ein Beweis, was für tolle Arbeit die Hilfsorganisationen hier leisten würden, dass die Leute freiwillig aus allen möglichen Orten zu uns kämen, um den exzellenten Service unserer Unterbringung und Versorgung zu genießen. Während alle Geschäftsführer eifrig zustimmten, kamen uns, die wir an der Front arbeiteten nur die Galle hoch. Diese Mischung aus Ignoranz und Zynismus war kaum noch zu überbieten.

Dann waren da noch diejenigen, die mit Autos oder Kleinbussen direkt vor dem Tor abgesetzt wurden. Giuseppe konnte mir dazu folgende Geschichte erzählen: In großen Limousinen oder in Kleinbussen werden Personengruppen oder ganze Familien transportiert. Die Fahrzeuge sind immer die gleichen. Die Fahrer kommen direkt von der Grenze, manchmal aber auch aus Italien, wo die Lebensbedingungen für Flüchtlinge scheinbar schlechter sind. Den Menschen werden Beträge bis zu 1000 Euro abgenommen, mit dem Versprechen auf eine zügige Abwicklung ihres Aufenthaltswunsches. Dafür werden Beziehungen zu - nicht existierenden- Asylentscheidern, beispielsweise in unserer Einrichtung, vorgetäuscht. Das Ganze ist gut organisiert. Giuseppe hatte sich außerdem die Fahrzeugkennzeichen der häufigsten Schlepperfahrzeuge notiert. Ich dankte ihm und bat um die Liste mit den Kennzeichen. Da jeden Tag einmal ein Streifenwagen der örtlichen Polizei kam, damit die zuständige Bezirksbeamtin in ihr Diensttagebuch vermerken konnte, dass die Lage im Griff sei, besprachen Marc mit ihr und ihrem Kollegen, was wir in Erfahrung gebracht hatten. Irritierender Weise verzogen beide keine Mine und machten sich auch keinerlei Notizen. Als ich die Liste mit den von Giuseppe notierten Kennzeichen auf den Tisch legte, warf keiner der beiden einen Blick darauf. Dafür bemerkte die Polizeihauptkommissarin gedehnt: „Najaa, solche Ermittlungen sind, wenn dann Sache der Polizei. Wir haben aber keinerlei Hinweise auf Straftaten und illegale Aktivitäten auf diesem Gebiet.“ Das wir grade genau solche Hinweise gegeben hatten, ignorierte sie. Als die beiden gingen, lag der Zettel noch auf dem Tisch. Dafür bekam Marc am folgenden Tag einen wütenden Anruf von Bulgendorf, die Polizei habe sich höchstpersönlich bei ihm beschwert, dass wir uns in ihre Arbeit einmischen würden, sollte das nochmal vorkommen, würde er ihn sofort rausschmeißen. Also kamen weiter täglich neue Flüchtlinge, denen man mit falschen Versprechungen viel Geld aus der Tasche gezogen hatte an unser Tor. Daran sollte sich bis zum Schluss nichts ändern.

Mit den Neuankömmlingen tauchte auch erstmals eine weitere Problematik auf, allein reisende Minderjährige.

Der Junge war mager, vielleicht 1,70 Meter groß und hatte dunkle Ringe unter den Augen. Sein Haar war lang und ungepflegt und er trug einen verwaschenen Ballonseidenanzug. Er war bartlos und roch wie Menschen halt riechen, die seit Wochen ohne vernünftige Duschgelegenheit unterwegs sind. Seine Papiere bestanden aus einem Zettel, auf dem in Griechisch und englisch bescheinigt wurde, dass ein gewisser Achhmad Gossarah 15 Jahre alt und allein ohne Begleitung in Griechenland unterwegs sei. Konstantin deutete auf den Zettel.

„DU?“, und stieß mit dem Finger dann in Richtung Brust des Jungen. Der nickte, sagte aber nichts. „Mehr ist aus ihm nicht rauszubekommen, er stand heute Morgen vor der Wache“, seufzte Konstantin. „Ich habe schon mit dem Jugendamt gesprochen, die klären grade, wer für so was zuständig ist.“ Konstantin war anscheinend hartnäckig am Telefon geblieben, bis man ihm zumindest versprach, die Sache kurzfristig zu prüfen. Der Junge wurde schließlich von einem Mitarbeiter des Sanitätsbereichs weggeführt, man hatte dort erst mal was zu Essen und frische Kleidung organisiert. (Ich hoffte nur inständig, dass es keiner von den 500 Euro Trainingsanzügen war, die in den Schatzkammern der Leviten verwahrt wurden. Damit hätte man den Jungen in Gefahr gebracht. So teure Klamotten wecken nur Begehrlichkeiten, und es wurden Menschen schon wegen geringerer Werte niedergeschlagen und beraubt.)

Schließlich rief Konstantin das Jugendamt erneut an und ließ Marc und mich mithören. „Sind Sie sicher, dass es sich um einen Minderjährigen handelt?“, die Stimme des Mannes am anderen Ende klang genervt. „Ja ganz sicher.“ „Hat er Papiere dabei, die das belegen?“ „Nein keine amtlichen.“ „Dann brauchen wir ein medizinisches Gutachten, welches sein Alter bestätigt, vorher können wir nichts für Sie tun.“ Der Mann hatte aufgelegt. Konstantin, der stets ruhig und beherrscht, bisweilen sogar unterkühlt wirkte, bekam einen knallroten Kopf und knallte mit der Faust auf den Schreibtisch. „So eine verfluchte Scheiße, erst telefonier ich mit denen, dann wollen die mir verklickern, dass das Landesjugendamt zuständig wäre und nun das. Ich habe die Schnauze so was von voll, jeder kneift den Schwanz ein, wo er nur kann. In dieser Drecksstadt gibt es keine illegalen Schlepper, keine unbegleiteten Minderjährigen

Flüchtlinge und auch sonst nur Gutmenschen, die sich aber bloß nicht die Finger schmutzig machen wollen!" So einen Ausbruch war man von ihm nicht gewohnt, selbst das übliche Geschrei vor seinem Büro war verstummt. Er beruhigte sich schnell wieder. „Was nun?", fragte er. „Der Junge bleibt erst mal auf der Krankenstation, dort ist er in Sicherheit und unter Aufsicht", entschied Marc. „Jean-Luc, du bist von uns beiden der Medizinmann, versuch du herauszufinden, wie man so schnell als möglich dieses verfickte Altersgutachten bekommt, ich informiere unsere Vorgesetzten. Konstantin, bleib du an den Behörden dran, vielleicht bekommst du ja bei der Regierung jemanden an die Strippe, der uns weiterhilft." Jeder von uns machte sich sofort an die Arbeit. Eine amtliche Altersbestimmung war nur mit Zustimmung eines Vormundes erlaubt, da eine Röntgenuntersuchung dafür notwendig war. Diese war aber nur in medizinischen Notfällen ohne Einwilligung möglich und das hier war keiner. Also biss sich die Katze in den Schwanz. Konstantin hatte immerhin die Weisung der Regierung erhalten, dass eventuelle allein reisende Minderjährige der Obhut des örtlichen Jugendamtes zu übergeben seien und Marc bei unseren Vorgesetzten selbstverständlich gar nichts. Also berieten wir uns erneut. Zwischendurch schaute ich auf der Krankenstation, die dem Sanitätsbereich angeschlossen war und mehrere Patientenzimmer umfasste vorbei. Der Junge hatte inzwischen geduscht und war mit sauberer angemessener Kleidung versorgt worden. Jemand hatte ihm eine elektronische Spielkonsole überlassen, auf der er auf dem Bett hockend daddelte. Auf dem Tisch in seinem Zimmer standen mehrere Tüten von McDonald´s, die ihm die Mitarbeiter auf eigene Kosten gekauft hatten.

Es sollte nebenbei nicht das erste und letzte Mal sein, dass unsere Mitarbeiter in die eigene Tasche griffen, um den ihnen anvertrauten Menschen eine Freude zu machen. Diese Tatsache ist nie irgendwo offiziell erwähnt oder gewürdigt worden, sogar ganz im Gegenteil, wie ich noch berichten werde. Deswegen mache ich es hiermit jetzt und in dankbarer Erinnerung an die vielen stillen Taten und Gesten, die ich erleben durfte.

Der zuständige Krankenpfleger erzählte mir, der Junge habe kein Wort geredet, aber sein Körper sei voller blauer Flecken. Außerdem fehlten mehrere Zähne und er sei verlaust gewesen. Aber nun sei er gut versorgt. Ich dankte ihm und ging ins Leitungsbüro zurück.

Marc seufzte – und nun? Schließlich fassten wir nach langer Diskussion folgenden Plan. Wir würden ihn über Nacht erst mal dort lassen, wo er jetzt war. Der Junge war eindeutig geschlagen und misshandelt worden, daher konnten wir ihn am nächsten Tag einen Kinderarzt der mit uns kooperierte vorstellen. Dieser stellte uns wunschgemäß eine Bescheinigung aus, dass es sich um einen Minderjährigen handele. Damit lief Konstantin sofort, den Jungen im Gepäck, zum Jugendamt. Die mussten sich um ihn kümmern. Gespannt warteten wir, aber zu unserer Erleichterung kam Konstantin allein zurück. „Herr Sigismund vom Jugendamt hat uns nicht mehr lieb!“, vermeldete er grinsend. „Aber sie mussten ihn in ein Jugendheim einweisen und sich weiter um ihn kümmern.“ Das örtliche Jugendamt behandelte auch in Zukunft jeden Flüchtlingsfall mit maximal möglicher Distanz und legte uns Steine in den Weg, wo immer es möglich war. Erst als klar wurde, dass vom Land alle Kosten übernommen werden würden, änderten sie ihre Haltung ein wenig. Aber bei einer Inobhutnahme wurde das „ob“ immer groß geschrieben

Nächstenliebe

Oscar Wilde hat einmal gesagt: „Nächstenliebe schafft eine Vielzahl von Sünden." Und dieser Gedanken wurde uns durch eine außergewöhnliche Dame vor Augen geführt, Frau Uta-Maria Steinbring-Heidenau. Marc hatte mir schon am ersten Tag gesagt, dass wir uns mit dieser Dame befassen sollten, dem mit dem Folgenden Rechnung getragen werden soll.

Es gibt verschiedene Arten, wenn man wohlhabend und gelangweilt ist, sein Leben auszufüllen. Man kann die Leere in seinem Leben mit dem Kaufen von allem möglichen Luxusartikeln füllen und dann sein eigenes Haus damit vollstopfen. Man kann, insbesondere wenn man ein Mann ist, mit Fahrzeugen vom Sportwagen bis zum antiken Motorrad durch die Gegend knattern, was zumindest die Hoffnung auf einen unfotogenen, aber sozialverträglichen Lebensabtritt nährt. (Zumindest mehr, als wenn man sein Haus mit teurem Tinnef voll müllt.) Man kann durch die Weltgeschichte reisen, immer auf der Suche nach neuen teuren Reisezielen, um damit anzugeben. („Wie, ihr wart noch nicht auf den Atrejnet-Inseln im Otravlennaya Voda See? - Naja, da kommt man als Pauschaltourist auch nicht so ohne Weiteres hin, mitten in Sibirien. Aber traumhaft, Traum--haft! Und weit und breit keine Menschenseele.") Auch hier sind begründete Hoffnungen auf einen vorzeitigen Abgang nicht fehl am Platze.

Selbstverständlich können Sie auch etwas Sinnvolles mit ihrer Zeit und Ihrem Geld anfangen, wie soziale Projekte unterstützen oder sogar eine Stiftung ins Leben rufen. (Was den zusätzlichen Vorteil mit sich bringt, den Rest Ihrer Tage in die langen Gesichter ihrer potentiellen Erben schauen zu dürfen.)

Oder sie machen es wie Frau Uta-Maria Steinbring-Heidenau und schreiten selbst zur Tat. Kaum waren die ersten größeren Flüchtlingszahlen vermeldet worden, hatte die Zahnarztgattin eine Facebookgruppe ins Leben gerufen, auf der sie Spendenaufrufe zugunsten der Flüchtlingshilfe startete. Das hört sich nun mal zunächst vernünftig und nobel an, hatte aber bereits zu Anfang die Saat des Verderbens in sich. Sie hatte sich einerseits nicht mit anderen Unterstützergruppen oder sonst wem abgesprochen, was tatsächlich benötigt würde, andererseits verwaltete sie alle hereinkommenden Spenden selbst und entschied allein, was wem wann und wie gegeben würde. Da sie außerdem Jan und Mann im Ort kannte, vor allem in sogenannten besseren Kreisen, kamen massenhaft Sachen an. Schon bald wurde ihre geräumige Stadtrandvilla zu klein, um alles aufzunehmen, und dann nahm das Verhängnis seinen Lauf. Aufgrund ihrer zahlreichen gesellschaftlichen Beziehungen kannte sie auch Vorstandsmitglieder bei den Leviten. Nach einem kurzen Gespräch mit Bulgendorf erlaubte man ihr die reichlich vorhandenen Räume in der Kaserne als Lager zu nutzen. Selbstverständlich ohne die lästigen Eingangskontrollen. Und sie konnte nach Belieben ihre Schätze an die „verschämten armen Bedürftigen" (genau das war ihre Wortwahl) verteilen. Nachdem Marc anfangs einmal versucht hatte, wenigstens ein paar Regeln und Beschränkungen aufzustellen, war er von Bulgendorf brutal zurückgepfiffen worden, als sie sich beim Vorsitzenden der Leviten darüber beschwerte. Frau Uta-Maria Steinbring-Heidenau stand außerhalb aller sonst gültigen Vorschriften. Und das nützte sie aus wie ein Teenager ein sturmfreies Wochenende ohne Eltern.

Sie stand auf einer Zufahrtsrampe eines Nebengebäudes, welches de Facto ihr exklusives Privatgehege darstellte. Es verfügte über eine Zufahrtsrampe, auf zwei Ebenen massive Wände und geräumige Lager im Inneren. Es handelte sich um die ehemalige Waffenkammer. Ihre Hände waren in die Hüften gestemmt, sie war mittelgroß, so um die 50 und stark geschminkt. Ihr hochtoupiertes blondes Haar war von einem „Fascinator“ genannten, schwarzem hutähnlichen Gebilde gekrönt. Ihre stahlblauen Augen blitzten einen Sicherheitsmann an, der vor ihr stand und offenbar Befehle entgegennahm. Was genau konnte ich im Einzelnen nicht verstehen. Neben ihr stand eine wesentlich ältere kleinere Frau mit einem Bolerojäckchen aus Pelz bekleidet, die sich offenbar während eines starken Erdbebens geschminkt hatte.

Ich war ihr bisher immer aus dem Weg gegangen, schließlich war sie nicht mein Problem. Weil sie erwartete, dass man sich ihr vorzustellen hatte und ich das ignorierte, nahm sie von meiner Existenz ebenso keinerlei Notiz. Also konnte ich das Schauspiel aus der Ferne betrachten.

Der Wachmann stellte sich ans Ende der Rampe vor ein Hamburger Gitter in Positur. Sie nahm eine Handglocke an einem Holzstiel dieses Typus aus ihrer Tasche, mit der in früheren Jahrhunderten öffentliche Ausrufer durch die Stadt gezogen waren, um eine Hexenverbrennung anzukündigen. Dann läutete sie, woraufhin aus allen Ecken scharenweise Kinder herbei geströmt kamen. Mittlerweile hatte die Alte neben ihr das Eiserne Tor am Ende der Rampe aufgeschlossen. Der Sicherheitsmann, obwohl nicht grade zart gebaut, hatte Mühe, von den inzwischen zahlreichen Kindern nicht umgeworfen zu werden. Dann kam Frau Uta-Maria Steinbring-Heidenau mit einem pinken Dreirad mit einer Einhorn Fahne am Gepäckträger auf die Kinderschar zu und machte eine flache vertikale Handbewegung, woraufhin die Kinder verstummten.

Dann zeigte sie auf ein kleines Mädchen, ich denke so 4 Jahre alt mit einer großen weißen Schleife im Haar. Die kleine kam nach vorne. Frau Uta-Maria Steinbring-Heidenau sah sie an, tätschelte ihre Wange und überließ ihr das Dreirad. Die Kleine fuhr davon, und die Kinder fingen sofort wieder an zu lärmen. Uta-Maria Steinbring-Heidenau lächelte mit halb geschlossenen Liedern wie eine Rauschgiftsüchtige und ließ sich von ihrer Helferin ein Bobby Car geben. Die Szene wiederholte sich und nachdem sie ca. zehn verschieden fahrbare Untersätze an die von ihr persönlich ausgesuchten, ausnahmslos besonders niedlich aussehenden Kinder verteilt hatte, beschloss sie genug Nächstenliebe fürs erste verströmt zu haben und schickte die anderen Kinder mit einer herrischen Geste und ausgestrecktem Zeigefinger fort.

Auch ich hatte genug gesehen. Abends beim nach Hause gehen, fiel mir ein völlig demoliertes pinkes Dreirad auf, dass irgend Jemand in ein Gebüsch geschmissen hatte.

Vielleicht denkt sich der Laie ja: „Hey, da stehen riesige Kasernengebäude leer, also aufsperren und rein mit den Leuten, die ja dringend ein Dach über dem Kopf brauchen.“ Theoretisch hätte man, wenn die Welt so bonbonfarben bunt wäre, so die Möglichkeit, in einer Kaserne wie der unseren locker vier- bis fünftausend Menschen unterzubringen. Leider ist die Welt nicht bonbonfarben, sondern mehr in Grautönen gepinselt.

Die Instandsetzung von über einen längeren Zeitraum nicht benutzter Gebäude ist ein schwieriges Unterfangen. Als erstes muss selbstverständlich geprüft werden, ob das Dach dicht ist, alle Fenster und Türen schließen und nirgendwo grobe Bauschäden wie Mauerdurchbrüche oder ähnliches zu finden sind. Dann muss die Elektrik geprüft werden. Nicht nur, ob das Licht an- und ausgeht, sondern auch jeder Stromkreis mit Sicherung muss einzeln geprüft werden. Ein durchschnittliches dreistöckiges Kasernengebäude hat rund 120 Zimmer, mit 400 Steckdosen, 250 Lampen und zwei unabhängige Notstromkreisläufe. Alles muss überprüft und abgenommen werden. Dazu kommen noch alte Leitungen, die in den letzten 90 Jahren von irgendwem verlegt wurden, und längst vergessen sind, aber natürlich stromfrei sein müssen. Eine Brandmeldeanlage muss installiert, beziehungsweise Instand gesetzt werden, und die Fluchtwege geprüft und neu ausgeschildert werden. Heizungen, die jahrelang nicht in Betrieb waren, müssen langsam angefahren werden, sonst platzen die Ventile, was trotz aller Vorsichtsmaßnahmen dennoch häufig vorkommt. Aber all diese Schwierigkeiten sind nichts gegen die Probleme mit der Wasserversorgung. Leitungen, die lange nicht benutzt wurden sind mit Legionellen verkeimt. Legionellen sind

Bakterien im Wasser, die sich ab einer Wassertemperatur von etwa 20 bis 25 Grad vermehren und zu lebensgefährlichen Infektionen mit grippeähnlichen Symptomen bis hin zu schweren Lungenentzündungen führen können. Sie gelangen durch die Atmung in Form von vernebeltem Wasser in die Lunge. Dies kann zum Beispiel beim Duschen der Fall sein. Man kann die tückischen kleinen Biester nur durch langanhaltendes, regelmäßiges Durchspülen der Leitungen bekämpfen. Das Problem ist, das sie dort, wo nicht gespült wird hartnäckig bleiben. In toten, ehemaligen Leitungen, schlecht verarbeiteten Rohrabzweigungen und so weiter. Ein Kasernengebäude, das wie in unserem Fall seit mehr als 80 Jahren benutzt wurde, besitzt massenhaft Leitungen, bis zu 12 Kilometer pro Gebäude. Ein Legionellen Nachweis einer Trinkwasserprobe dauert 10 Tage, weil die Keime sehr langsam wachsen. Ist eine Probe positiv, muss also erneut gespült und gemessen werden. Erst nach dieser Prozedur kann das Gebäude zur Nutzung freigegeben werden. Zuletzt sollte auch noch eine halbwegs effektive Rattenbekämpfung stattfinden, die in jedem unbewohntem (und auch in mehr Bewohnten, als Ihnen lieb ist) Gebäude schnell eine muntere Wohngemeinschaft gründen.

Also war selbst für die mit Hochdruck arbeitenden (und fürstlich bezahlten) Handwerker der Job nicht mal eben schnell zu machen und der Druck durch die vielen Menschen, die es zu beherbergen galt, wuchs.

Mit dem ganz Normalem Wahnsinn des Alltags kämpfend, hatte ich den Funkspruch, ein LKW der Bundeswehr sei am Tor, nur so halb auf dem Schirm. Inzwischen hatten wir auch einen Einrichtungsleiter Kollegen von den Rhodosiern bekommen, Hans, ein feiner Kerl von ca. 60 Jahren, ehemaliger Bauingenieur, der aus Altersgründen ein paar Jahre vor seinem

Ruhestand von seiner Firma auf die Straße gesetzt worden war. Nun hatte er den Job bei den Rhodosiern. Wer jahrelang Baustellen leitet, ist befehlsgewohnt und gut organisiert und das machte ihn zu einem hilfreichen Kollegen. „Hans, kannst du mal bitte zur Wache, die haben bestimmt nicht mitbekommen, dass die Wehrmacht hier 1945 abgezogen ist", bat ich ihn, da er sich grade eine Zigarette drehte und ich eine e- Mail schrieb. „Ja klar, ich fahr mal rüber."

Es dauerte nicht lange und ich hörte seine Stimme über Funk. „Einrichtungsleitung an alle, bitte alle sofort zur Wache." Gleichzeitig hörte ich den Wachleiter, die Sicherheit funkte sonst über einen anderen Kanal und meldete sich nur im Notfall bei uns. Auch er befahl alle nicht unabkömmlichen Mitarbeiter des Sicherheitsdienstes zur Wache. Michael funkte den Sanbereich an. „Einrichtungsleitung an Sanbereich." „Hört", kam die Stimme von Corinna. „Manv (Massenanfall von Verletzten) - Alarm. Sanbereich sofort auf Aufnahme vorbereiten. RTW sofort zum Tor.!" Eine der Grundregeln, wenn man in der Flüchtlingshilfe arbeitet lautet: Niemals rennen! Das verbreitet im Zweifel Panik unter den Menschen. Ich rannte ebenso wie alle anderen so schnell wie ich konnte zur Wache. Auf dem Weg wurde ich von dem, mit Blaulicht und Martinshorn herbeieilendem, hauseigenen Rettungswagen überholt. Neben mir tauchte Konstantin keuchend auf, er hatte über seine Zivilkleider eine Einsatzweste gezogen, aber nur einen Ärmel erwischt, so dass das Ding hinter ihm her flatterte. „Was ist los?", schrie er zwischen keuchenden Atemzügen. Ich hatte keine Luft, um zu antworten, aber dann sahen wir es. An der Wache standen am Tor ein mächtiger LKW, in der Tarnfleckbemalung der Bundeswehr. Dahinter eine lange Reihe von Bussen. Vor dem ersten Bus knieten ein Soldat und ein

Sicherheitsmann über einer leblosen Person und leisteten eine Wiederbelebung. Dahinter lehnte sich ein älterer Mann mit dem Arm an die Bustür und kotzte. Der Bundeswehrfeldwebel, der Wachleiter Hans und ich machten eine schnelle Lagebesprechung. Der LKW hatte 800 Feldbetten geladen, und war zufällig fast zeitgleich mit den Bussen eingetroffen. Es waren sieben Busse mit etwa 400 Menschen an Bord. Die Fahrer hatten die Passagiere direkt an der bayrischen Grenze unregistriert aufgenommen und waren dann, nach einer zehnstündigen Irrfahrt über Würzburg und Dortmund, zu uns gelotst worden. Das Begleitfahrzeug der Autobahnpolizei hatte ich glatt übersehen, stand aber mit laufenden Blaulichtern am Ende des Konvois. Wir teilten uns auf. Ich unterstützte das Sanitätspersonal bei der medizinischen Versorgung, Hans organisierte die Versorgung der Menschen mit Wasser und allem nötigen, der Wachleiter sollte die eiligst alarmierten nachrückenden Kräfte einweisen und der Feldwebel den Aufbau der Feldbetten in der Turnhalle der Kaserne, die noch regelmäßig benutzt wurde organisieren. Alle machten sich sofort an die Arbeit. Schnell waren zusätzliche Kräfte nachgerückt. Auch an dieser Stelle kann und will ich nicht beschreiben, was an unsagbarem Elend wir bei Erwachsenen und Kindern zu sehen bekamen. Das gebietet der Respekt vor den Betroffenen.

Nachdem wir die dringendsten medizinischen Notfälle abgearbeitet hatten, wobei ich gerne einräume, dass Corinna, so seltsam sie auch sonst sein mochte, ihr Handwerk wirklich verstand, hatten wir eine kleine Verschnaufpause. Die Registrierung lief auf Hochtouren, die Menschen, die nicht sofortige Hilfe brauchten, waren im Essenszelt untergebracht und wurden mit ihren Namen und/oder Papieren, trotz der beschriebenen Schwierigkeiten bei diesem Unterfangen, in die

Bewohnerliste eingetragen. Sogar Knüllenbrink saß mit dem Pressesprecher der Martiner an einem Tisch und befragte die Ankommenden im Deutsche-Bahn-Englisch.

Die Turnhalle war mittlerer weile mit 650 Betten bestückt, auch hier hatten zahlreiche Freiwillige eine zügige Arbeit geleistet. Der Feldwebel, dessen Namen ich mir notiert habe und gerne Preis gebe, falls die Verteidigungsministerin mal eine Generalstelle zu vergeben hat, hatte hervorragend organisiert. Die Feldbetten waren mit Einmalbettwäsche, die sich ebenfalls auf dem LKW befunden hatte, ausgestattet.

„Wir haben ein weiteres Problem", sagte Marc, der ebenfalls herbeigeeilt war. Wir standen mit allen Verantwortlichen vor dem Gebäude im Kreis, damit die Raucher die kurze Pause nutzen konnten, um ihrer Sucht zu frönen. Es war inzwischen dunkel geworden, und der kühle Septemberabend ließ bereits den Herbst ahnen. Ich fröstelte und zog mir die Jacke, die ich über dem Untersuchungskittel trug, zu. „Einige Familien und Paare weigern sich in die Turnhalle zu gehen. Sie fürchten um die Sicherheit und Ehre ihrer Frauen. Lieber wollen sie draußen schlafen." „Können wir sie nicht auf die Gebäude verteilen?" Hans Stimme klang heiser, er war wie wir alle am Limit. „Alles bis zum äußersten belegt", vermeldete Hendrik, einer der Sozialarbeiter. „Draußen geht auf keinen Fall nach dem, was die Leute hinter sich haben", warf ich ein. „Dann hilft nur eines, wir müssen die Zimmer mit den allein reisenden Männern auflösen und diese bitten, vorläufig in die Turnhalle umzuziehen, damit wir Platz für die Familien haben", schlug ich vor. „Wenn die sich weigern, werden wir ein Sicherheitsproblem haben." Der Einwand des Sicherheitschef war wohl berechtigt.

„Wir können erst mal versuchen, sie freiwillig dazu zu überreden", entgegnete Hendrik. „Zumindest die dringlichsten Fälle bekommen wir so vom Hof." Wir kamen überein, es so zu versuchen. Die Sozialarbeiter gingen mit je einem Betreuungsmitarbeiter und einem/r Sicherheitsmann oder -frau auf die entsprechenden Zimmer. Es gab viel hin und her, aber viele erklärten sich auch bereit, ihr Bett freiwillig einer Familie zu überlassen, was durchaus nicht selbstverständlich ist. Denn es war unklar, wie lange es so bleiben würde. In ein paar Fällen mussten wir dennoch vereinzelte Paare in die Halle schicken, denen wir aber ein Zimmer oder eine Weiterverlegung zusicherten. Zuletzt hatten wir die Halle mit fast 300 Menschen belegt und dank des zusätzlichen Sicherheitspersonals, das kurzfristig aushalf, verlief das Leben dort so friedvoll wie unter den gegebenen Umständen möglich. Am nächsten Tag tauchte eine Feldküche der goldenen Sonne auf und alle, Helfer wie Bewohner, genossen einen der letzten Spätsommertage bei köstlichem Linseneintopf im Freien. Am Nachmittag, ich hatte, wie die anderen auch, mich einfach auf eine Pritsche in einem stillen Winkel draußen zurückgezogen und ein paar Stunden geschlafen, weckte mich Marc mit einem Kaffee und reichte mir einen Zettel in die Hand. Es war eine Email und kam von der Regierung:

Von: Bezirksregierung, Registrierungsstelle

An: Notunterkunft 241 „Lexington Kaserne"

Sehr geehrte Damen und Herren,

aufgrund der am Wochenende vermutlich stark anwachsenden Zahl ankommender Flüchtlinge an den Grenzübertrittsstellen in Bayern besteht die Möglichkeit, dass Ihnen nicht registrierte Personen, ohne den Weg über die Landesregistrierungsstellen, zugeleitet werden.

Daher schicken wir Ihnen Notbetten aus Bundesbeständen. Bitte warten Sie auf eine spezielle Weisung, bevor Sie diese aufbauen.

Sollte eine Ankunft solcher Personen bei Ihnen geplant sein, werden wir Sie spätestens 24 Stunden vorher davon in Kenntnis setzen.

Hochachtungsvoll

Ihre Regierung

Ich las den Zettel, zerknüllte ihn und warf ihn fort. Die Mail trug das Datum von Vorgestern, war aber auf Grund des Wochenendes erst heute losgeschickt worden.

Marc legte sich auf die Pritsche neben mir. So lagen wir Seite an Seite, eine Weile und lauschten dem Gezwitscher der Vögel.

„Ich liebe dich und ich werde dich niemals verlassen", murmelte er leise.

„Mit wem hast du telefoniert?", raunte ich nach einer Weile.

„Mit niemanden, ich habe mit dem Bett gesprochen", brummte er und fing an zu schnarchen.

Gerüchte

Es ging Einfach nicht weiter. Das Registrierungszentrum war schon lange überlaufen, und unsere Bewohner blieben viel länger, als es jemand je geplant hatte. (Genau genommen hatte niemand jemals auch nur annähernd eine Lage wie diese geplant.) Um Abhilfe zu schaffen, hatte das Bundesinnenministerium die Idee, sogenannte mobile Registrierteams durch die Republik zu schicken. Die Teams bestanden aus Angehörigen der Bundespolizei, des Zolls und der Bundeswehr und waren mit Fingerandruckscannern, Laptops, Kameras und allem Pipapo ausgerüstet, um das Registrierungsverfahren zu beschleunigen.

Sozusagen mit klingendem Spiel zog ein solches Team nach pompöser Vorankündigung und unter Presseaufgebot bei uns ein. Einen Tag vorher war es via Mail angekündigt worden. Wir hatten zuvor das ehemalige Offizierscasino, einem Ort, an dem sich Offiziere früher ungestört betrinken konnten, geräumt und mit Tischen und Hamburger Gittern ausgerüstet, um wenigsten ein paar der fast 2000 Menschen, die unter unserer Obhut lebten, endlich einer Registrierung und Weiterleitung zuzuführen. Das Team baute, sozusagen vor laufenden Kameras, ihre Ausrüstung in dem geräumigen Saal auf, alle hatten ihre besten Uniformen an und unsere Geschäftsführer und Knüllenbrink veranstalteten einen Wettbewerb im Dauergrinsen in alles, was wie ein Objektiv aussah. Sogar Bulgemeier hatte einen Dress an, der aussah, als habe er sich eine von Hermann Görings Phantasieuniformen aufgebügelt. Dann zog die Meute ab und wir warteten. Nichts geschah. Der Bundespolizist, der das Team leitete, sprach mit Knüllenbrink. Dieser bekam eine rosa Birne und stürmte auf Marc und mich zu. „Es kommen keine Bewohner zur Registrierung. Wahrscheinlich wissen die nicht, was hier stattfinden soll. Eure Unfähigkeit kotzt mich maßlos an." Er glotzte uns aus hervorquellenden Augen an. „Die wissen genau, was hier abgeht", antwortete ich ruhig und wies auf die in 5 Sprachen ausgehängten DIN A 3 Plakate, die wir vorab geschickt bekommen hatten. „Die trauen nur dem ganzen Braten hier nicht, weil das Gerücht kursiert, dass jeder, der von so einem Team erfasst wird, das Land verlassen muss", ergänzte Hans. „Steht alles in meiner Abendmeldung von gestern. Unsere Sozialarbeiter haben dieses erfahren, als sie den Bewohnern von den heute geplanten Vorhaben erzählten. Und wir haben es schriftlich gemeldet." „Das wird Konsequenzen haben!", schrie Knüllenbrink und rauschte davon. „Melden macht frei", sagte Hans frohgemut. „Und belastet den Vorgesetzten", fügte ich hinzu. Nicht, dass wir es erfreulich fanden, dass die Aktion so fehlschlug, aber das war echt mit Ansage. Informationen sind auf einer Flucht lebenswichtig. Zu wissen, wer es über welche Route wohin geschafft hat, kann einen davor bewahren, fatale Fehler zu begehen. Natürlich darf man nicht allen Informationen trauen. Gerüchte und gezielt falsch verbreitete Informationen, wem auch immer grade dienlich, verbreiten sich rasend schnell. Handys zu besitzen oder jemanden zu kennen, der eins hat ist ein wichtiger Bestandteil des Fluchtgepäcks. Es bilden sich auf diese Art und Weise Netzwerke, die kaum kontrollierbar sind. Nun stelle man sich vor; erst passiert gar nichts, dann rauschen auf einmal eine Horde Uniformierter auf das Gelände und erwarten, dass ausgerechnet die Menschen, die sowieso jeder Uniform aus gutem Grund Misstrauen entgegen zu bringen, ihnen vorbehaltlos Vertrauen. Wenn man sich dann umhört, haben auf Grund der Tatsache, dass es von diesen mobilen Teams nicht sehr viele gibt, ihre

Bekannten in anderen Camps noch nie etwas davon gehört. Und die Gerüchte machen die Runde und die Saat des Misstrauens wächst.

Zumal die vorgedruckten Plakate übersetzt, zum Beispiel aus dem Arabischen, folgendes beinhalteten:

Obenauf der Bundesadler.

Dann:

Sie werden morgen erfasst!

Familien bleiben zusammen!

Halten Sie Ihre Papiere bereit!

Seien Sie reisefertig!

Wenn Ihre Angaben nicht klar sind, kann das ihren Aufenthalt gefährden.

Kommen Sie morgen zur Registrierung!

Seien Sie reisefertig!

Gott stehe Ihnen bei!

Also ehrlich, wenn ich so etwas lesen würde, hätte ich auch das Gefühl, für einen Gefangentransport in die äußere Mongolei ausgesucht zu werden. In allen anderen der fünf Sprachen klang es nebenbei auch nicht besser.

Nach und nach kamen trotzdem zögernd ein paar Leute ins Casino. Es stellte sich heraus, dass das Team keine Dolmetscher dabeihatte, und man sich mit Hilfe des Google Translate Programms oder mit Händen und Füßen verständigte. Wenn Sie jemals im Ausland mit Hilfe des Google Dolmetschers in einem kleinen Bergdorf eine Cola bestellen, dürfen Sie froh sein, wenn Sie der Meute, die Sie mit Steinen und Mistgabeln über den Dorfplatz jagt, entkommen, nachdem die Maschine ihre Bestellung in der Landessprache von sich gegeben hat.

Die meisten der Uniformierten sprachen zwar halbwegs Englisch, aber dafür die meisten Flüchtlinge nicht. Es ist ein weitverbreiteter Irrtum, dass Menschen aus dem Ausland, die kein Deutsch sprechen (und wer tut das schon?) wenigstens Englisch verstehen. Wer die Welt beherrscht, dessen Sprache beherrscht die Welt. Die alten Griechen hatten für alle, die nicht altgriechisch sprachen, einen eigenen Begriff, Barbaren (Die wie Kinder Brabbelnden).Daran hat sich bis heute nichts geändert, wer die vorherrschende Weltsprache nicht beherrscht, gilt als Barbar. Von heute fast 7 Milliarden Menschen sprechen ca. 350 Millionen Englisch als Muttersprache und ca. 200 Millionen weitere haben ein Basisverständnis, aber für die überwältigende Mehrheit ist Englisch eine Fremdsprache. Es stellt sich mithin die Frage, wer also der Barbar ist. Man hätte die Leute ebenso gut in Deutsch und Klingonisch ansprechen können. Dem entsprechend funktionierte das Ganze, nämlich gar nicht.

Am Nachmittag kam der Leiter des Teams in unser Büro. „So, das war ja besser als sonst, ihre Leute haben ganz toll mitgearbeitet. Wir sind ein ganzes Stück weiter.“ Ich sah in sein stolzes Gesicht. „Na Gott sei´s gelobt und gepfiffen. Wie viele Registrierungen haben Sie denn gemacht?“ „Achtundzwanzig“, verkündete er stolz. „Wie bitte?“, fragte Hans mit ungläubigem Entsetzen „Achtundzwanzig!“, sagte er ein wenig lauter als vorher. Offenbar ging er wegen des weißen Bartes von Hans davon aus, dass dieser schwerhörig sei. „Und, und wann kommen sie wieder?“ „Na überhaupt nicht mehr!

Unsere Einheit ist nur für 30 Tage zusammengestellt worden, morgen geht's wieder für jeden von uns an seinen alten Arbeitsplatz." Der Mann klang zufrieden. „Danke und alles Gute." Ich versuchte Contenance zu bewahren. Hans sah aus dem Fenster. Menschenmassen eilten dort zum Abendbrot zum Kantinenzelt. „Achtundzwanzig", murmelte er.

Jobs

Der Aufenthalt unserer Gäste zog sich immer länger hin und wurde noch unabsehbarer als die Fertigstellung eines deutschen Flughafens. Natürlich kann man Menschen auf beengtem Raum nicht so lange ohne ein Mindestmaß an Beschäftigung lassen.

Trotz aller Vorkommnisse, von denen noch die Rede sein wird, verhielten sich die Bewohner ausgesprochen diszipliniert und legten ein hohes Maß an Rücksichtnahme und Geduld an den Tag. Und das hörte ich aus jeder Flüchtlingseinrichtung, mit der ich Kontakt hatte.

Wenn Sie mal nur fünf Minuten bei REWE an der Kasse stehen müssen, hören Sie, von den in der Welt für ihre Disziplin bewunderten Deutschen, Unmutsäußerungen, Schnauben und Protest. Ich möchte mal erleben, wie diese Leute auf engstem Raum ohne Hab und Gut wochenlang eines ungewissen Schicksals harren müssten. Und für jede Kleinigkeit anstehen müssten. Wahrscheinlich würde man jeden Tag Wasserwerfer einsetzen müssen.

Aber sei es drum, ein Lagerkoller war absehbar, umso mehr waren wir angenehm überrascht als die Regierung es uns erlaubte, für leichte Arbeiten wie Laub rechen oder Müll einsammeln, den Bewohnern Arbeit anbieten zu dürfen. Damit konnten sie ihr Taschengeld aufbessern, denn sie bekamen einen Euro pro Stunde. Ein sehr willkommener Nebeneffekt, der gerne angenommen wurde. Schon bald meldeten sich dutzende Männer und Frauen morgens bei der Sozialarbeit, welche die Arbeiten erfasste und koordinierte und unser Gelände wurde picobello gesäubert. Für die Kinder wurde, neben dem inzwischen professionell betriebenen Kasernen eigenen Kindergarten, von unseren Betreuungshelfern zahlreiche Aktivitäten, bis hin zum improvisierten Schulunterricht angeboten. Der beginnende Herbst bot ausreichend Betätigungsfelder auf unserem ausgedehnten Gelände für Jung und Alt, obwohl sich das jetzt sicherlich idyllischer anhörte, als die Situation für die Betroffenen tatsächlich war.

Bulgendorf hatte alle Leitungskräfte der Kaserne zu einer Besprechung bestellt. Das war zum einen ungewöhnlich, weil sonst Bulgendorf nie ins Alltagsgeschäft eingriff, zum anderen, weil er ja genau genommen nur eine von vier Hilfsorganisationen leitete und die anderen darauf achteten, wenigstens eine ihrer Hofschranzen, wie Setzer oder Knüllenbrink, als Aufpasser zu schicken. Stattdessen saßen wir mit ihm allein im Besprechungsraum.

Als er hereinkam, hatte er einen jungen Mann im Schlepptau. Ich schätze so Mitte 30, sonnengebräunt mit Yuppie-Frisur, in der selbstredend eine 300 Euro Sonnenbrille steckte. Um den Hals trug er das unvermeidliche Goldkettchen und ums Handgelenk eine Philippe-Patek-ich-koste-ein-Cabriolet-Uhr. Er grinste uns mit einem Haifisch lächeln an und setzte sich neben Bulgendorf. Dieser fing gleich an. „Ich will gleich zur Sache kommen," verlautete er, während er einen Stapel Papiere zum Verteilen umgehen ließ. „In diesem Dossier sind die wichtigsten Anforderungen der Regierung an eine ordnungsgemäße Zugangskontrolle zum Gelände, der Kontrolle der Essensausgabe, des Taschengeldes und der Raumvergabe zusammengefasst. Außerdem die Erfassung der Fälle im Sanitätsbereich." Die Vorschriften waren uns allen geläufig, so dass niemand wirklich einen Blick in die Unterlagen warf. Bulgendorfs Stimme wurde lauter. „Das wird alles nicht richtig umgesetzt, Sie alle handhaben das nicht professionell genug. Aber diese Zustände werde ich abstellen!" Er blickte in die Runde, um die Wirkung seiner Worte zu prüfen. Während die anwesenden Mitarbeiter der Leviten etwas ihn anstarrten, wie Kaninchen eine Schlange, war es Anderen wie mir oder Hans schlicht gleichgültig was Bulgendorf an- oder abstellen wollte, er war uns genau genommen nicht vorgesetzt.

Offenbar zufrieden mit der Reaktion fuhr er fort: „Bislang haben Sie alle Listen mit der Hand oder Excel Tabellen geführt und die wimmeln von Fehler. "Damit hatte er, wie ich widerwillig eingestehen musste leider Recht. Kein Mensch konnte nachvollziehen, ob Bewohner die als einziges Identifikationsmerkmal farbige Veranstaltungsbänder, wie sie bei Festivals oder All-Inklusive-Touristen üblich sind, tatsächlich noch da waren, oder ihre Bänder und damit ihre Identität getauscht oder gefälscht hatten. Das Verfahren war weder sicher noch übersichtlich.

„Ich darf Ihnen daher Herrn Mischmüller vorstellen. Er ist IT-Experte und hat sich bereit erklärt seine ganze Expertise einzubringen, um uns bei Ihren Problemen zu helfen." Mischmüller stand auf und lächelte ölig in die Runde. „Ich erwarte", fuhr Bulgendorf in scharfen Ton fort, „dass er uneingeschränkt unterstützt wird. Jeder in diesem Raum", dabei sah er in mich an, „hat alle Informationen, die er für seine Arbeit benötigt, ohne Wenn und Aber bereit zu stellen. Herr Mischmüller wird Ihnen jetzt die Einzelheiten des Projektes bekannt geben."

Mischmüller stellte den Beamer, den er mitgebracht hatte, an, klappte einen Laptop auf und fing an uns mit einer Powerpoint-Präsentation sein Vorhaben zu erläutern.

Das Projekt mit dem Arbeitstitel „Refugee Camp Manager" sollte mittels einer speziellen Software alle Informationen des Alltags auf einer Chipkarte speichern, die den Bewohnern und Mitarbeitern ausgehändigt werden würde. Vorne waren der Name und ein Lichtbild sowie einem Farbcode, der zeigte, ob es sich um einen Mitarbeiter oder Bewohner handelte sowie die Funktion des jeweiligen Mitarbeiters. Im Inneren sollte ein Mikrochip Informationen wie Essensausgabe, medizinische Daten, Ein- sowie Ausgangskontrolle und alle für den Alltag notwendigen Dinge enthalten. Im Gelände, zum Beispiel an der Wache oder der Essensausgabe brauchte dann der Chip nur noch vor ein Lesegerät gehalten zu werden und die Daten waren erfasst. „Sie haben mit einem Mausklick einen kompletten Überblick, wer auf dem Gelände ist, wer gegessen oder gearbeitet hat." Im Halbdunkel des Raumes war nur Mischmüllers Gesicht durch den Laptop beleuchtet, ein Effekt, den er sicher vorher einstudiert hatte. Bulgendorf applaudierte, wir anderen klopften nur höflich auf den Tisch. „Bitte scheuen Sie sich nicht, mir Fragen zu stellen." forderte uns Mischmüller auf, nachdem das Licht wieder an war. Hans meldete sich als erster. Er hatte einen Gesichtsausdruck, als habe er eben dem Wetterbericht gelauscht oder dem Vorschlag, verschiedenfarbige Karteikarten auszugeben. „Was soll das Ganze denn wohl kosten?" Mischmüller zeigte sein Haifischgebiss. „Keinen Cent, ich entwickle das für Sie exklusiv und kostenlos." Bulgendorf ergänzte: „Herr Mischmüller ist einer unserer Wohltäter." Ich zeigte auf. „Was ist mit den ganzen Daten, ich meine das sind doch vertrauliche und personenbezogene Daten. Weiß die Regierung von dem Ganzen und ist damit einverstanden?" Bulgendorf blickte mich finster an, aber Mischmüller war voll in seinem Element. „Selbstverständlich erfüllen wir alle gesetzlichen Vorgaben. Und sobald alles läuft werden wir es nach der Testphase von der Regierung sogar amtlich zertifizieren lassen." Das war zwar keine Antwort auf meine Frage, aber mehr konnte ich wohl nicht erwarten. „Und wann", warf Marc ein, „soll diese Testphase laufen?" „Na das hängt ganz von Ihnen und den vielen fleißigen Händen ab, die daran mitwirken sollen." Mischmeier sagte das in einem Tonfall, in dem man einem besonders begriffsstutzigen Schüler eine Matheaufgabe erklärt. „Wieso was für Hände?" Ich war mal wieder verwirrt. „Sie müssen doch die Mitarbeiter zum Programmieren besorgen." Er lachte ein künstliches Lachen und kicherte weiter, als er mich ansah, als müsse er kurz überlegen, wann wir beide das letzte Mal so viel Spaß miteinander gehabt hatten. „Hier laufen doch jede Menge Leute mit IT-Kenntnissen rum, hochqualifiziert und ohne Beschäftigung. Statt Laub zu fegen, haben die nun die fantastische Möglichkeit, endlich wieder ihre Skills einbringen zu können. Wir richten eine Programmierwerkstatt ein und geben so den Menschen die Möglichkeit sich auf den neuesten Stand zu bringen. Wer hier mitarbeitet, dem stehen später alle Türen in meinem Unternehmen offen." „Und die benötigte Ausrüstung dazu spendet der Herr Mischmeier auch noch", meinte Bulgendorf und griente über alle vier Backen.

Schon am nächsten Tag hingen überall in allen Sprachen Plakate aus, die Leute mit IT- und Programmierkenntnissen aufforderten, sich in der neu eingerichteten „Programmierwerkstatt" zu melden. Es meldeten sich einige, teilweise hochqualifizierte Menschen. Dort wurden dann unter Anleitung von Mischmeier die einzelnen Unterprogramme erstellt und verknüpft. Für einen Euro pro Stunde.

Sie ahnen es sicher schon, - das Programm wurde offiziell nie fertig und nach ein paar kleinen Änderungen als

Serviceprogramm „Cruise Manager" für Kreuzfahrtschiffe, die ja im Grunde dieselben Anforderungen an ein Verwaltungsprogramm wie wir hatten - ein Verkaufserfolg. Niemand von den Flüchtlingen erhielt jemals einen Job bei Mischmeier. Er lebt inzwischen ganzjährig in einer Villa auf Palma.

Leergut

Giuseppe fing mich an der Wache ab, als ich früh morgens ankam. „Sie haben alles heute Nacht abgeholt, alle 400 in großen Lastern. Sogar die, die wir hier in der Wache versteckt hatten, haben sie eingesammelt. Sie haben jeden Winkel durchsucht. Alles weg." „Aber heute sollte doch der offizielle Abtransport sein." „Ich habe nur gesehen, wie sie bei Nacht und Nebel alle aufgeladen und weggefahren haben."

Ich rechnete kurz. „Das sind bei 3,30 Euro pro Kiste 1320 Euro Pfand. Nicht schlecht. Wir hatten vor ein paar Tagen eine Spende mit 400 Kisten Sprudel in allen möglichen Geschmacksrichtungen von einem großen Getränkehersteller gespendet bekommen. Leider in Glasflaschen, so dass wir sie nicht einfach an die Bewohner hätten ausgeben können. So hatten wir sie bei der Essensausgabe und bei der Kinderbetreuung in Plastikbechern ausgegeben und auch für unsere Mitarbeiter etwas abgezweigt. Das Mindesthaltbarkeitsdatum war nämlich fast abgelaufen. Gestern hatte ich dann beim Spender angerufen und gebeten, das Leergut abzuholen. Offenbar waren die Leviten zuvorgekommen. Ich dankte Giuseppe für die Information und begann meine Schicht.

Alltagsprobleme füllten immer einen guten Teil des Arbeitstages in der Einrichtungsleitung aus. Da waren morgens als erstes die Anfragen der Regierung bezüglich der Bewohnerzahl und der Namensliste. Bekanntermaßen war die Namensliste bestenfalls ein kühner Entwurf, aber das ging schließlich allen so. Dann kamen ab und an kuriose Anfragen, wie: „Der Abgeordnete Schmidt von einer beliebigen Partei hat im Landtag, Bundestag, wo auch immer eine Anfrage gestellt, wie viele Volapük sprechende, einäugige Männer über 40 im letzten Monat um Asyl gebeten haben. Bitte werten Sie die Bewohnerliste dahingehend aus und schicken Sie das Ergebnis bis spätestens heute Mittag 12 Uhr an die Regierung." Ich kann nicht beschwören, ob das der genaue Wortlaut war, aber es ging immer in diese Richtung. Ich beantwortete diese Email stets sofort mit der Zahl 27, damit waren dann alle Beteiligten zufrieden. Dann waren da die Berichte der Sicherheit. Oftmals wurde in einzelnen Häusern ein Feueralarm ausgelöst. In einem solchen Fall wurde das Haus immer evakuiert und der Ursache durch Sicherheitsdienstmitarbeitern auf den Grund gegangen. Das war zwar immer aufs Neue Stress für die Bewohner, aber es war erstens aus Brandschutzgründen Vorschrift und zweitens achteten sie, spätestens wenn sie um 3 Uhr morgens im Regen auf dem Hof standen, weil irgendwer im Zimmer geraucht hatte, von selber gegenseitig darauf, dass sich solche Vorfälle nicht häuften.

Die Kantine war ein anderes Problem. Nachdem man den ganzen Schrott dort diskret entsorgt hatte, stellte sich die Regierung nicht ohne Grund quer, eine Großküche für die, wie alle hofften, begrenzte Zeit anzuschaffen, von der man glaubte, dass die Krise dauern würde. Die Verhandlungen darüber waren zäh. So blieb es vorläufig bei der Zeltlösung, in der die Cateringmannschaft der Uniklinik, sehr zur Freude der umliegenden Einzelhändler und Imbissstuben, jeden Mittag frisch gekochten, kulinarischen Kompost austeilte.

Dann war da noch der Plastikmüll. Wir produzierten davon täglich eine Menge, angesichts derer heutzutage wenigstens fünf schwedische Schulschwänzer Gemeinschaftsselbstmord verübt hätten. Mangels Spülmöglichkeiten (und guten Willen) wurde zu allen drei Mahlzeiten Plastikgeschirr, -besteck und -

becher ausgegeben. Dazu über den Tag hinweg für jeden so viel Wasser, wie er mochte. Eingepackt in Halbliter Tetrapacks. Pro Woche noch ein sogenanntes Hygienepack, bestehend aus Shampoo, Zahnpasta, Zahnbürste, Einmalrasierer für Männer und Tampons und Monatsbinden für Frauen. Eingepackt in... richtig geraten: Plastikbeutel. Die Abfallbetriebe der Stadt stellten uns zwei Müllpressen in der Größe von Überseecontainern zur Verfügung, die alle drei Tage geleert werden mussten. Obwohl deren Umweltbeauftragter, der viele gute Vorschläge einbrachte und uns stets nach Kräften unterstützte, oft mit uns zusammen saß um Abfall-Vermeidungskonzepte zu erarbeiten, hatte oben niemand wirklich ein Interesse an dem Thema, weder auf seiner noch auf unserer Führungsetage.

Die Spenden waren ein Dauerthema. Ich hatte Ihnen bereits von den Kleiderspenden berichtet. Wir wurden damit bombardiert, weil Jeder anstatt zum Altkleidercontainer zu gehen, nun meinte, das ganze Gelump für die Flüchtlingshilfe spenden zu müssen. Wir bekamen jede Woche allein in unserer Einrichtung unglaubliche 3 Tonnen Altkleider, die wir beim besten Willen nicht sortieren konnten. Also wurden sie in Säcke gepackt und in die zahlreich vorhandenen Luftschutzkeller gepackt. Dort verrotteten sie langsamer als an besser gelüfteten Orten. Wir hatten strenge Weisung durch unsere Geschäftsführer, jede Spende dankbar anzunehmen, um die Bürger bei Laune zu halten. Das gleiche galt für Sachspenden anderer Art, wie Elektrogeräte, Möbel, Spielzeug und Fahrräder. Dazu kamen Bücher, Schallplatten und alles, was man meinte nicht mehr gebrauchen zu können. Das Motto lautete: „Deutschland mistet aus.“ Schließlich mussten wir anfangen, den ganzen Unrat in die sogenannten Panzerhallen zu schaffen,

Flugzeughangar große Gebäude, die, wie der Name vermuten lässt, früher dafür sorgten, dass die kostbaren Panzer bei Regen nicht nass wurden. (Wenn die so empfindlich waren, wieso baute man dann nicht einfach etwas Robustere?)

Den Vogel in Sachen Spenden schoss mal wieder Frau Uta-Maria Steinbring-Heidenau ab. Eines Mittags entstieg sie ihrem Porsche SUV, aufgetakelt als ginge es zum Pferderennen nach Ascot. Hinter ihr rollte ein Trecker aufs Gelände, dessen Anhänger mit Kürbissen beladen war. „Das ist eine persönliche Spende von Baron von Schollenklau", flötete sie. Die von Schollenklaus waren eines der alteingesessenen, westfälischen Adelsgeschlechter, deren Nachkommen stets bedenklich wenig Vorfahren hatten. Aber dafür viel Land. „Und wofür?", fragte Marc verdattert. „Sie Dummerchen, bald ist doch Halloween, da müssen die Kinder doch Kürbisse schnitzen", trällerte sie unverdrossen. „Stellen Sie sich doch mal vor, wie romantisch es dann abends hier aussieht." Der Traktorfahrer holte sie aus ihren romantischen Träumen „Wo soll we nu dat Gewerks afloaden?", rief er vom Bock runter. Sie tänzelte zu ihrem Geländewagen. „Das werden Ihnen die reizenden Männer dort mitteilen." Sie entfleuchte in einer Wolke aus Chanel und Dieselruß.

Marc gab dem Mann mit einer Handbewegung zu verstehen, noch kurz zu warten. Er ging und rief Bulgendorf an, um von der Situation zu berichten. Dann kam er zu uns zurück. „Der Dicke hat gesagt, dass wir es annehmen sollen, er schickt einen Fotografen." Er instruierte den Fahrer, die Ladung auf einer Wiese nahe am Gebäude vorsichtig abzukippen, was dank der Strohballen, die vorsichtshalber mitgeschickt worden waren und nun im Gras verteilt wurden, erstaunlich gut gelang. Eine ganze Wagenladung Kürbisse bedeckte nun die

Wiese ungefähr hüfthoch. Bulgendorf kam kurze Zeit später aufs Gelände gerauscht, auch Knüllenbrinks Blaulichtkutsche kam gleich hinterher. Der mitgebrachte Fotograf machte Bilder der beiden wie sie Kürbisse an, für diesen Zweck als Flüchtlinge ausstaffierte, Mitarbeiter verteilten. Dann ließen sie sich vor einer Kürbispyramide, die mich an die Schädelpyramiden erinnerte, die der Eroberer Temudschin angeblich vor den von ihm eroberten Städten auftürmen ließ, fotografieren.

„Die Kürbisse werden eingelagert, ein Geschenk von so hoher Stelle muss schonend behandelt werden. In zwei Wochen ist Halloween, ich erwarte dann überall geschnitzte Kürbis-Gesichter", befahl Bulgendorf in Kasernenhofton, während Knüllenbrink jedes Wort mit Nickbewegungen wie ein Wackeldackel unterstrich. Wir ließen die Kürbisse in einen der Keller verlasten.

Die folgenden Herbsttage waren ungewöhnlich warm. Nach einer Woche roch es in der ganzen Kaserne nach Fusel und Friedhof. Die Kürbisse fingen an, in ihrem Keller zu gären. Letzten Endes durften wir sie dann diskret entsorgen.

Ach ja, die Leergutaktion hatte noch ein Nachspiel. Der Getränkehersteller fragte, nachdem er eine Weile vertröstet worden war, vorsichtig nach dem Leergut. In einer Email teilte ihm Bulgendorf mit, dass durch die Unfähigkeit der vor Ort Verantwortlichen leider das meiste davon zu Bruch gegangen oder verloren wäre, wofür er diese selbstredend zur Verantwortung ziehen werde.

Auf der Betriebsweihnachtsfeier der Leviten später im Jahr spendete deren Vorstand mit großem Trara den ehrenamtlichen Mitarbeitern über 1000 Euro als Anerkennung für ihre einmaliges Engagement.

3.Kapitel

Exodos

Regierungsverantwortung

„Ich habe es geschafft, uns endlich eine eigene Einrichtung zu verschaffen." Die Pausbacken von Knüllenbrink waren vor Stolz gerötet. „Wir sind dann endlich unter uns und brauchen die anderen Heinis nicht mehr." „Heinis" war eines von Knüllenbrinks Lieblingswörtern. Er gebrauchte es stets, wenn er über Abwesende sprach, die er verachtete, also faktisch jeden. Wir saßen im Besprechungsraum der Martiner- Geschäftsstelle. Außer mir waren noch zwei weitere Personen anwesend, Paul, der bisher im Sanitätsbereich der Lexington Kaserne unter Corinna gelitten hatte und Patrik, ein junger Mann der offensichtlich ein bekannter von Knüllenbrink war und bei den Martinern als ehrenamtlicher Helfer im Katastrophenschutz aktiv war.

„Wir werden ab nächsten Monat die ehemalige Princeton-Kaserne übernehmen, und zwar nur wir Martiner. Dazu haben wir einen Auftrag von der Regierung bekommen. Ein Mordsprojekt", freute sich Knüllenbrink. Wir brauchen jede Menge neue Mitarbeiter und ich werde die alle einstellen. Dann noch Material, Verpflegung, nur vom Feinsten natürlich, Fahrzeuge, alles werde ich organisieren und ihr dürft mir bei der Verwirklichung meiner Pläne helfen. Ich habe selbstredend alle Vollmachten vom Chef und freie Hand von der Regierung, mit der ich selbstverständlich exklusiv Verhandlungen führe", fügte er mit gewichtiger Miene hinzu, wobei seine Augen blitzten. „Und ihr, in dieser Runde habt, natürlich, auf einigen Ebenen unter mir, nach meinen Anweisungen, die Arbeit vor Ort zu lenken", er reckte die Nase in die Höhe. „Paul, hiermit ernenne ich dich zum Leiter des Sanitätsbereiches der neugegründeten Einheit Princeton-Kaserne." Paul stand auf, Knüllenbrink schüttelte ihm die Hand. „Patrik, du wirst als zweiter Einrichtungsleiter zusammen mit Jean-Luc gleichberechtigt die Arbeit vor Ort übernehmen." Die gleiche Zeremonie wiederholte sich. „Und Jean-Luc, du bist ab sofort von deinen Aufgaben in der Lexington entbunden und übernimmst die Princeton." Ich war heilfroh, dass wir nicht in Frankreich waren, sonst hätte es von Knüllenbrink zusammen mit den Beförderungen auch noch ein Küsschen rechts und links gegeben. Ich bin Abstinenzler.

Nachdem die Besprechung, genauer gesagt der Monolog von Knüllenbrink noch eine Weile gedauert hatte, wurden wir gnädig entlassen. Ich eilte zur Lexington, um von den Kollegen, die inzwischen von den Neuigkeiten ebenfalls unterrichtet worden waren, Abschied zu nehmen. Ebenso hatte ich die Marschbefehle für alle Martiner Mitarbeiter/innen im Gepäck, die bis Ende des Monats in der Lexington weiter ihren Dienst verrichten sollten und dann zum ersten des neuen Monats gemeinsam mit vielen neuen Kolleginnen und Kollegen in der Princton ihre Arbeit aufzunehmen sollten.

Natürlich hatte Knüllenbrink die neue Kaserne nicht geschaffen, sondern 80 Jahre vor Ihm Hermann Göring.

Es war ansonsten die gleiche Geschichte wie in der Lexington, nur hatten die Briten vieles in viel besserem Zustand hinterlassen. Insbesondere die Kantine war noch funktionstüchtig. Das Gelände war sehr weitläufig, fast 30 Hektar, und einige Gebäude waren riesig.

Und durch genauso eines liefen wir grade mit Knüllenbrink als Führer. „Hier wird einmal die Hauptunterkunft. 260 Räume können wir mit 1200 Mann belegen. Dazu kommen noch Büros, ich zeig euch jetzt mein zukünftiges Reich hier."

Wir betraten einen Raum, dessen Wände mit dunkler Eiche getäfelt waren. Der Teppich war dunkelgrün und zeigte in regelmäßigen Abständen das Wappen des einstmals stolzen (vielleicht sind sie es ja auch immer noch) Granatenweitwerfer-Regiments zu Fuß Ihrer britannischen Majestät. Der Raum hatte ca. 150 Quadratmeter Fläche und wirkte wie das einer Kulisse aus einem Jane Austen Roman. „Nicht dein Ernst", fuhr es Patrik raus. „Natürlich nur wenn ich Zeit habe, hab ja viele Verpflichtungen", erwiderte Knüllenbrink mit einem maliziösen Lächeln, aber mir fiel da Heine ein, der mal gesagt hatte: „Der Ernst tritt umso gewaltiger hervor, wenn ihn der Spaß ankündigt."

Patrik war ein netter Bursche, soviel hatte ich schon rausgefunden. Er hatte grade Sozialarbeit zu Ende studiert und jobbte im Moment noch auf dem Wochenmarkt. Er war schon lange bei den Martinern und mit Überzeugung bei der Sache, was ihn manchmal etwas naiv wirken ließ. Aber sein Verstand war helle und ich war froh, wieder mal auf einen vernünftigen Kollegen zu stoßen, welcher der Aufgabe gewachsen zu sein schien. Erstaunlicherweise schien auch Knüllenbrink ihn zu mögen, im Moment wenigstens.

„Das ist der reinste Fuchsbau", merkte ich an. „Wie sollen sich hier die Menschen zurechtfinden? Und wie soll man ein solches Gebäude im Zweifel schnell evakuieren?" „Mach dir da mal keinen Kopf drum, dafür ist die Regierung verantwortlich, wenn das Gebäude erst mal zu Ende renoviert ist und in Betrieb genommen werden kann. Ich persönlich werde jeden Schritt diesbezüglich überwachen und damit das klar ist:" Knüllenbrinks Tonfall schlug augenblicklich von freudig stolz auf frostig um. Seine blauen Augen schienen Eiskristalle zu versprühen. „Es ist euch strengstens untersagt, mit Regierungsvertretern zu reden. Dafür bin ausschließlich ich kompetent genug. Verstanden?" „Wie du meinst", erwiderte ich. Wir gingen weiter, das nächste Gebäude barg eine Überraschung. Es sah von außen aus, wie ein Kleinstadtrathaus mit Glockenturm. Im inneren aber waren mehrere Kneipen untergebracht. Komplett mit Bänken, hölzernen Nischen und Tresen. Ich zählte fünf verschiedene, auf jeder Etage zwei und unter dem Dach eine. Offenbar war der Bekämpfung des Durstes in der britischen Armee eine ebenso hohe Priorität eingeräumt worden, wie der Bekämpfung des Feindes. Knüllenbrink lehnte sich gegen einen Billardtisch. „Und hier soll die Sozialarbeit, Gesellschaftsräume und der Kindergarten entstehen. Natürlich nach meinen Plänen." „Du hast die Pläne gemacht?", wunderte sich Patrik. „Sozusagen, aber verantwortlich für die Ausführung ist die Regierung." Weiter ging´s in die Kantine. Ein heller modernen Bau, der noch voll betriebsfähig war. „Wir werden bei voller Belegung hier in mehreren Schichten Essen austeilen lassen, der Caterer ist einer der besten. Er backt das Brot selber und kocht täglich frisch." Die Kantine hatte ca. 1000 Plätze, bei einer geplanten Maximalbelegung von 7000 Menschen, hätte das geheißen, selbst wenn jede Schicht nur 40 Minuten braucht, um Essen zu empfangen, die Mahlzeit einzunehmen und den nächsten Platz zu machen, dass für Frühstück, Mittagessen und Abendbrot dann jeweils fast 5 Stunden gebraucht würden. Das konnte unmöglich klappen. Ich konfrontierte Knüllenbrink mit meiner Rechnung, offenbar war ihm das noch nicht in den Sinn gekommen, er rechnete mit den Fingern nach. „Dafür ist dann die Regierung verantwortlich“, meinte er ärgerlich.

So kamen wir dann in das Gebäude, welches als erstes belegt werden sollte, immerhin auch mit 700 Menschen. Im Erdgeschoss waren keine Bewohnerzimmer, sondern der Sanitätsbereich mit verschiedenen Behandlungsräumen, wovon einer sogar für kleinere chirurgische Versorgungen vorgesehenen war, Krankenzimmern und Bereitschaftsräumen für die Besatzung. Ein geräumiges Treppenhaus führte in den Verwaltungstrakt mit zahlreichen Büros für die Sozialarbeit, Einrichtungsleitung sowie Sozialräumen und Besprechungszimmern. Dahinter war ein ehemaliger Kinosaal, der eine Kapazität von 400 Plätzen hatte. Hier war die Kleiderkammer, von den Betreuern nur „Die Kammer des Schreckens“ genannt, wegen der nervtötenden und anstrengenden Kleiderauslese. Alle Gebäude waren mit befahrbaren Kellern ausgestattet und teilweise durch unterirdische Gänge miteinander verbunden. Natürlich gab es jede Menge Panzerhallen, eine Squashanlage, eine Turnhalle von der Größe eines Fußballfeldes und einen Boxring. Einzelne Häuser wie die Komandeur Villa, eine voll ausgestattete Schule, Reitställe, Schießstände, Munitionsbunker und ein geteerter Exerzierplatz, auf dem die Queen sich locker, wenn sie mal keinen Bock mehr auf fades Essen, nieseliges Wetter und schräge Familienmitglieder gehabt hätte, den Buckinghampalast neu hätte errichten lassen können. Nur größer.

Wir erreichten das Haupttor. Knüllenbrink gab uns kurze Anweisungen, was in den nächsten Tagen an Materialtransporten erwartet würde. „Ihr habt die Verantwortung, dass hier alles klappt, verstanden?", raunzte er als er in seinen Wagen stieg. „Ihr und die Regierung natürlich." Mit diesen Worten fuhr der Verantwortliche, der seine Verantwortung anderen überantwortet hatte, von dannen.

Versteckspiel

Der große Startvorteil, den wir in der Princeton Kaserne hatten, war, dass wir auf allen Ebenen erfahrenes Personal hatten, das die Neulinge anlernen konnte. Die neu eingestellten Kolleginnen und Kollegen kamen aus allen Bereichen. Handwerker, Akademiker, viele Menschen mit Migrationshintergrund, die nun ihre Kultur- und Sprachkenntnisse sinnvoll einbringen konnten, aber auch Menschen mit gebrochenen Lebens- und Erwerb Biographien und, wie immer bei einer so großen Truppe, auch ein paar verhaltensauffällige und gestörte Persönlichkeiten. Die Anzahl der Stellen war von der Regierung vorgegeben und Knüllenbrink hatte schlicht in der Reihenfolge der eingehenden Bewerbungen eingestellt, wofür er von Meyer zum Hofe und der Personalvertretung eine Card Blanche erhalten hatte. Das führte dazu, dass ein Bewerbungsgespräch bei ihm, wie mir die Neuen berichteten, in der Regel weniger als 10 Minuten dauerte. Aber es war nach dem Zufallsprinzip nicht schlechter gelaufen, als wenn ein sorgfältiges Assessment stattgefunden hätte. Darüber sollten sich vielleicht mal alle, die hochbezahlte Personaler mit akademischen Graden und geheimnisvollen Ritualen und Formeln im Gepäck mal nachdenken. Es geht auch indem man von einem Stapel Bewerbungen einfach die ersten 20 in den Papierkorb wirft und dieses damit begründet, die hätten eben Pech gehabt und Leute mit Pech kann man nicht gebrauchen.

Es war auch ein Teil des Sicherheitspersonals aus der Lexington zu uns gekommen, darunter Giuseppe, was ich sehr begrüßte, da er einen guten Job machte und mich mit Informationen versorgte. Die Kantinen-Crew kam von einem großen

Caterer und Knüllenbrink hatte nicht zu viel versprochen, unsere Verpflegung war hervorragend.

Es wurde grundsätzlich auf Schweinefleisch verzichtet. Das war sicher für diejenigen ein Bedrohungsszenario, welche die deutsche Leitkultur mit dem pausenlosen Verzehr von Schweinewürstchen und Haxe gleichsetzen und den Untergang des Abendlandes herbei beschwören, sobald jemand mal nicht auf einem Stück Borstenvieh herumkaut. Aber damit kann und muss man Leben, ich zumindest tue es.

Außerdem gab es frische Salate und immer ein vegetarisches Gericht. Häufig genug gab es auch mal etwas Besonderes, welches von den fleißigen Damen und Herren in der Kantine zum Beispiel aus dem, was bei anderen Events zu viel vorbereitet war, gezaubert wurde. Ein totaler Kontrast zu den magenverschleißenden Scheußlichkeiten, die wir bisher zu sehen bekommen hatten.

Als die ersten Gäste kamen, waren wir gut vorbereitet und innerhalb von ein paar Tagen füllte sich das Haus mit fast 600 Menschen. Diesmal war der Zustrom geregelt und die Neuankömmlinge in wesentlich besserer Verfassung, da sie aus anderen überfüllten Einrichtungen zu uns kamen und nicht direkt von der Grenze. Ich sah das erste mal seit langem einem ruhigem Wochenende entgegen, denn ich hatte seit Anfang der Krise fast immer Dauerbereitschaft. Umso mehr ärgerte ich mich, als am Samstag vor sieben Uhr morgens mein Handy klingelte. „Jean-Luc, komm schnell!“ Es war Giuseppe. „Eine unserer Patrouillien hat Hunde gehört in Haus 33 und es ist viel Polizei dort.“ Haus 33 war das erwähnte Riesengebäude und ich hatte noch nicht ganz aufgelegt, da schrillte auch schon mein Diensthandy. Es war die Betreuerin vom Dienst, das war der Titel der jeweiligen Schichtleitung. „Jean-Luc, in

Haus 33 geht was Merkwürdiges vor, wir haben die Bewohner erst mal im Haus gelassen, dort laufen vermummte Polizisten mit Maschinenpistolen und Hunden rum." „Seid ihr sicher, dass es Polizisten sind?" Mir ging offen gestanden die Düse. „Ja, es stehen auch Mannschaftswagen rum, die sind durch einen Seiteneingang rein." Die Außenpatrouillen haben schon alles abgesichert." Für einen Moment dachte ich, die Polizei anzurufen, aber die war ja offenbar schon da. Ich schwang mich ins Auto und fuhr los. Am Tor erwarteten mich schon die Betreuerin vom Dienst und der Abschnittsleiter vom Sicherheitsdienst. „Wie ist die Lage?" „Mindestens drei Mannschaftswagen Bundespolizei, es sind Hunde und bewaffnete, vermummte Polizisten zu sehen. Wir haben alles großflächig abgeriegelt und alle bleiben im Haus." „Gut, sehen wir uns das mal an." Ich fuhr zu Haus 33 an den Posten vom Sicherheitsdienst vorbei und hielt vor einem der Mannschaftswagen der Bundespolizei. Ein Polizist in Tarnkleidung und mit umgehängter Maschinenpistole kam auf mich zu. „Was machen Sie hier?", rief er zu mir herüber, während ich noch ausstieg. „Was machen Sie hier?", entgegnete ich und hielt meinen Dienstausweis vorsichtshalber hoch. „Eine Übung, unbefugten ist der Zutritt hier untersagt", erwiderte er streng, aber nicht unfreundlich. Mein Ausweis, auf dem alle möglichen Bundes-, Landes- und sonstigen Symbole aufgedruckt waren, hatte ihn verunsichert. „So wie ich das sehe, sind Sie durch meine Vorpostenkette geschlüpft und halten sich unbefugt auf dem mir von der Regierung anvertrauten Gelände auf", entgegnete ich und benutzte dabei die Gesprächstaktik des Spiegelns, um Oberwasser zu gewinnen. „Sind Sie der Einsatzleiter?", wer fragt der führt das Gespräch dachte ich. „Ja Polizeihauptkommissar Klein von der Bundespolizei." „Angenehm, Jean-Luc Lamboy von den Martinern, Einrichtungsleiter der Princeton

Kaserne, Notaufnahmeeinrichtung des Landes." Der Mann stutzte und sah mich an, als hätte ich ihm eben erklärt, ich sei der Leiter der Vorhut einer außerirdischen Invasionsflotte. Ich erklärte ihm, dass hier in der Kaserne geflüchtete Menschen untergebracht seien und ich im Auftrag der Regierung im Moment das Hausrecht ausüben würde. Er war sichtbar erschüttert, während wir aus dem Gebäude Hundegebell hörten. „Das hat uns niemand gesagt, wir durften hier immer ungestört üben." „Na schön, dass wir das klären konnten, dann können Sie ja jetzt Ihre Übung beenden und wir unsere Schützlinge in Ruhe frühstücken lassen, bevor sich noch jemand ängstigt, wegen der Hunde und so", bemerkte ich erleichtert. Der Mann rieb sich in einer Geste der Verlegenheit die Hände und lief ein wenig rot an, was ich bei einem Polizisten bis dato noch nie gesehen hatte. „Wissen Sie, so einfach ist das leider nicht", druckste er rum. „Wir können jetzt nicht aufhören." „Warum nicht?", wollte ich wissen. „Im Rahmen dieser Übung verstecken wir für die Hunde Drogen im Gebäude, welche die dann erschnüffeln sollen, das ist Teil ihrer Ausbildung." „Okay... und weiter?" „Tja leider sind die Hunde nicht fertig, wir vermissen noch ein wenig Cannabis." „Wie wenig?" „Tja, so 250 Gramm." Ich pfiff anerkennend. Aus meiner Zeit im Rettungsdienst wusste ich, das war eine ordentliche Menge. „Dann holen Sie es einfach aus den Verstecken und üben woanders mit den Hunden." „Das ist wie gesagt nicht so einfach, die Hunde waren schon zweimal hier und finden es einfach nicht." „Moment, Sie meinen, Sie brauchen die Hunde, weil sie vergessen haben, wo es versteckt wurde?" Ich musste einen spontanen Lachanfall unterdrücken, der Mann hatte schließlich eine Maschinenpistole. „Das trifft leider nur so ungefähr gewisser Maßen zu." Ich rang mit meiner Selbstbeherrschung. „Okay, suchen sie weiter, das Gebäude wird in absehbarer Zeit noch nicht bezugsfertig sein. Ich mache Ihnen einen Vorschlag, Sie suchen nur mit den Hunden und der Rest Ihrer Truppe zieht unauffällig ab. Dann schreiben wir beide in unseren Bericht, dass die ganze Aktion hier lediglich ein Missverständnis war und vergessen dabei das Malheur." Er war sehr mit meinem Vorschlag einverstanden.

Es wurde mir nie bekannt, ob und wann das fehlende Gras gefunden wurde. Die Bundespolizei, führt ebenso wie die Landespolizeibehörden, keine Statistik über abhanden gekommene Asservate. Aber nur seit 2010 bis 2015 sind der Berliner Polizei zehn Dienstpistolen irgendwie abhandengekommen, wofür man auch nach ausgiebigen Kopfkratzen seitens der zuständigen Stelle keinerlei Erklärung hatte.

Aber wenn Ihnen im Zuge der Abrissarbeiten dieser Kaserne mal ziemlich tiefenentspannte Arbeiter begegnen sollten, könnte ich mir denken, dass unter Umständen die vermissten Rauschmittel endlich aufgetaucht sind.

Hoheitsgewalt

„Die Hoheitsgewalt ist die Befugnis des Staates, einseitig rechtlich verbindliche Anordnungen zu erlassen. Die Hoheitsgewalt ergibt sich aus dem Wesen des Staats. Die Ausübung der Hoheitsgewalt erfolgt durch die Verwaltung, insbesondere durch Beamte."(Lit.: Klinke, R., Bestimmungsmerkmale von Hoheitsgewalt im Völkerrecht, Diss. jur. Bonn 1999.)

Zwischen dieser im allgemeinen als verbindlich geltenden Definition von Hoheitsgewalt und dem was wir taten, klaffte eine erkennbare Diskrepanz. Menschen, die über die Grenze kommen, zu erfassen, zu versorgen und über sie Verfügungen zu treffen, taten wir zwar ständig, aber dazu waren wir keineswegs unumstritten befugt. Wir waren schließlich keine Beamte. Also musste da Abhilfe geschaffen werden, bevor jemand auf die Idee gekommen wäre, das ganze Handeln in der Flüchtlingskrise rechtlich anzugreifen und der Regierung den Arsch aus der Hose zu klagen. Es gab aber kaum Beamte, die in der Flüchtlingshilfe arbeiteten und so startete man unter dem Motto „Beamter ist Beamter", egal aus welcher Dienststelle, einen Aufruf an alle Behörden, es mögen sich Beamte freiwillig melden, um die notwendigen hoheitlichen Aufgaben zu erfüllen. Das ganze zeitlich begrenzt und nicht grade von Nachteil für zukünftige Beförderungen. Außerdem bat man bereits im Ruhestand befindliche Beamte, sich für eine gewisse Zeit wieder reaktivieren zu lassen, bis die Verhältnisse sich gebessert hätten.

So wurde uns in einer Email angekündigt, ein Beamter der Finanzverwaltung würde uns ab sofort bei unserer Arbeit unterstützen. Natürlich machten wir sofort alle gängigen

Beamtenwitze, aber wir wurden angenehm überrascht. Als ich von der Wache zum Tor gerufen wurde, stand vor mir ein kleiner, junger, vor Energie sprühender Mann, der bei einem Film Casting ohne weiteres für die Rolle des jungen Dustin Hoffman genommen worden wäre. Bevor ich überlegen konnte, wie ich ihn angemessen begrüßte, streckte er seine Hand raus und sagte: „Hi, ich bin Robert, aber alle nennen mich Robby." Seine sympathische Art fand ich sehr angenehm und ich zeigte ihm alles, inklusive des Büros, welches wir für ihn eingerichtet hatten. Es war ziemlich geräumig, aber Robby sah sich um und meinte: „Alles ganz hübsch, aber der Schreibtisch ist zu klein." Knüllenbrink hatte allen Ernstes angeordnet, dass kein Schreibtisch, egal wo, größer als seiner sein durfte. Er war sogar mal mit einem Zollstock bewaffnet erschienen und hatte nachgemessen. „Habt ihre einen Fahrbaren Untersatz hier?", fragte Robby, was ich bejahte, wir hatten einen ganz ordentlichen Fuhrpark. „Fein, ich weiß wo wir was Besseres herbekommen." Nur kurz darauf saß ich am Steuer eines unserer Transporter, mit Robby auf dem Beifahrersitz, in Richtung seines Finanzamtes in der Nachbarstadt fahrend. Dort waren nämlich vor kurzem die Büromöbel erneuert worden, und nach einem kurzen Telefonat von Robby wurden uns die Alten überlassen. Unterwegs erzählte er mir, dass er für die Eintreibung von Steuerschulden verantwortlich war. Dazu meinte er: „Wenn wir dir als Finanzamt einen Brief mit den Worten „letzte Mahnung" zusenden, bedeutet das nicht, dass wir bald keine Mahnungen mehr verschicken." Am Finanzamt angekommen stopften wir mit Hilfe des Hausmeisters den 5-Tonner voll. Bald darauf hatte jedes Büro in der Kaserne einen dreiteiligen Schreibtisch, der mindestens doppelt so groß war wie vorher und wir erklärt das Knüllenbrink als Anordnung der Regierung.

Aber abgesehen von solchen mehr kindischen Spielchen hatten wir natürlich auch jede Menge ernsthafte Arbeit. Da mussten zum einen den Menschen Asylbescheide zugestellt werden. Und Zuweisungen auf Kommunen vorgenommen werden. Dafür hatte Robby extra einen Rechner der Regierung, mit dem er täglich Listen austauschte. Neben solchen Hoheitsaufgaben war dann noch die Auszahlung des Taschengeldes an die Bewohner. Jedem stand ein wöchentlicher Betrag zu, welcher im Einzelnen nach einer Tabelle ausgerechnet werden musste und dann in bar ausgezahlt wurde. Dafür kam am jeweiligen Tag ein bewaffneter Sicherheitsmitarbeiter in Robbys Büro und brachte einen Haufen Bargeld. Dieses wurde dann gestückelt und den in der Kantine wartenden Bewohnern persönlich ausgezahlt. Das Verfahren war nicht ohne, schon dass wir mit mehreren Tausend Euro über das Gelände zur Kantine liefen, ließ mich jedes Mal aufatmen, wenn alles vorbei war. Die Bewohner reagierten auf die Auszahlung sehr unterschiedlich. Anfangs versuchten manche Männer das Geld für die ganze Familie alleine abzuholen, aber laut Gesetz mussten wir es jedem persönlich aushändigen. Manche sammelten es sofort von ihren Frauen und Kindern ein, aber viel häufiger, vor allem bei arabischstämmigen Familien kassierte die Frau alles ab. Dann eilten alle wie eine Horde Seemänner nach einer Weltumseglung in die umliegenden Geschäfte, um alles schnellstmöglich in Waren umzusetzen. Das hört sich leichtsinnig an, aber es wollte niemand die anderen Mitbewohner auf dumme Ideen bringen. Viel Bargeld in den Händen ist ein Anreiz für Langfinger. Schließlich war nur ein beschränktes Maß an Privatsphäre in einer Gemeinschaftsunterkunft möglich, und jeder konnte sehen, was der andere hatte. Außerdem hatten viele gelernt, dass Geld nur einen begrenzen Wert besitzt, denn die einheimische Währung war im Chaos des

Krieges nahezu wertlos. Dann kamen alle abends schwerbeladen, aber glücklich in die Kaserne zurück, wo sie sich je nach Temperament und Lage an den frisch erworbenen Schätzen erfreuten, was ihnen von Herzen zu gönnen war.

In wenigen Fällen gab es auch Stress, zum Beispiel wenn jemand sich eingeschmuggelt hatte, um unter falscher Identität das Taschengeld zu kassieren. Schließlich hatten die Bewohner immer nur die Veranstaltungsbändchen als Ausweis. Aber es gelang uns, diese Fälle gering zu halten, da wir nach einer Weile die einschlägigen Leute kannten. In manchen Fällen hatten die Menschen sich bei Freunden und Bekannten einquartiert, was aber nicht zulässig war, da sie bis zur Zuweisung bei uns der Residenzpflicht unterlagen. Auch das konnten wir anhand einer Liste, welche an der Wache die Anwesenheit auf dem Gelände dokumentierte, unterbinden. In einem extremen Fall kam morgens ein Paketlieferwagen angefahren, der einige Sendungen für uns abgab. Anschließend reihte sich der Fahrer in seiner vollen Firmenmontur seelenruhig in die Schlange der Wartenden ein, um sein Taschengeld zu kassieren. Er hatte sich einen Nebenjob besorgt, was bezüglich der Seriosität von Lieferfirmen hinsichtlich von Schwarzarbeit zu denken geben sollte.

Einmal gab ich einer Kleinen von ungefähr vier Jahren spaßeshalber, weil sie mit Teller großen Augen vor unserem Tisch bei der Taschengeldausgabe stand den Umschlag mit dem Geld für ihre Familie, ca. 120 Euro in kleinen Scheinen. Noch ehe ich oder jemand sie daran hindern konnte, flitzte die Kleine los und verteidigte ihren Besitz unter Mordsgeschrei wie ein einarmiger Knastbruder sein Essen. Sie konnte nur mit viel Schokolade beruhigt werden.

Robbys Anwesenheit half uns, vor allem weil er es verstand, all die teilweise widersprüchlichen und auch unverständlichen Anweisungen der Regierung in einem einheitlichen Betriebshandbuch zusammenzufassen. Somit konnte man jedes Procedere schnell und übersichtlich nachschlagen und umsetzen. Da er außerhalb unserer Befehlskette stand, hatte er die Freiheit, das zu sagen, was unsere Vorgesetzten nicht hören wollten. Dafür wurde er von jenen gehasst, von uns aber beneidet.

Jahresendfiguren

Seit Robby bei uns war, trafen auch viel mehr Weisungen und Vorschriften der Regierung ein, wie die einzelnen Aspekte unserer Arbeit zu regeln seien. Sicherlich gab es zwischen den einzelnen Unterkünften große Unterschiede und es war durchaus sinnvoll, dort einen einheitlichen Stand herzustellen. Es kam mir manchmal aber so vor, als wenn jetzt, im Herbst wo das Wetter im Mittelmeer und auf dem Balkangebirge größere Fluchtbewegungen nicht mehr zuließen, jemand den zuständigen Stellen gesteckt hätte, dass sich auf einmal eine Millionen Menschen mehr in der Republik befänden und es nun an der Zeit wäre, sich mal darum zu kümmern. Jedenfalls wurden fast jeden Tag von denjenigen, die während des vorläufigen Höhepunktes im Sommer gefühlt auf Tauchstation gewesen waren, auf einmal fuchsteufelsviele Mails und Rundbriefe geschrieben.

Eine davon betraf die tragische Tatsache, dass wohl ein paar Menschen ums Leben gekommen waren, als sie selbst gesuchte Pilze zu einer schmackhaften, aber finalen Mahlzeit zubereitet hatten. Ich möchte keineswegs das Leid der davon Betroffenen klein machen, aber mal ehrlich, wenn Sie in ein fremdes Land kommen, wäre dann Ihre erste Idee zu sagen: „Schaut mal, was da am Wegesrand wächst, das sieht ja komisch aus. Kommt, wir machen daraus einfach mal eine Mahlzeit und warten ab was dann geschieht."

Jedenfalls mussten wir an sämtliche (!) Türen, Zäune und Schwarze Bretter Zettel in verschiedenen Sprachen aufhängen, die vor dem Verzehr von selbst gepflückten Pilzen warnten. Alle Bewohner, mit denen ich darüber sprach, reagierten mit

Kopfschütteln auf diese Aushänge, da sie im Leben nicht auf die Idee gekommen wären, so etwas Törichtes zu tun. Ebenso gut hätten wir Schilder aufhängen können, die sie vor dem Verzehr von toten Katzen gewarnt hätten.

Unsere Spielstube für Kinder war ein anderes Thema. Wir hatten eine großen hellen Raum im Hauptgebäude dafür eingerichtet und dank einer großzügigen Spende sogar eine Miniatur Ritterburg aus Holz, komplett begehbar mit kleinen Türmchen, einer Kemenate mit Vorhängen und eine Rutsche aus einer anderen Kita gespendet bekommen. Außerdem gab es aus den Spenden der Bevölkerung auch jede Menge brauchbares Spielzeug. Es gab freilich immer noch Hirnis, die meinten Kinder aus Kriegsgebieten bräuchten dringend Miniaturpanzer, Plastiksoldaten oder Spielzeuggewehre (in einem Fall mussten wir die Polizei rufen, weil wir uns nicht sicher waren, ob es sich um eine echte Waffe handelte). Aber auch Legosteine, Puzzlespiele, Kinderbücher, Puppen und dergleichen wurden in gutem Zustand gespendet.

Das alles hatte ein Team von ehrenamtlichen liebevoll sortiert und aufgebaut. Die Kindergärtnerin kam von der goldenen Sonne, weil die mehr Kitas hatten als die Martiner, und sollte nun mit den Kindern die Vor- und Nachmittage bestreiten. Als sie sich bei mir vorstellte, war ich schon ein wenig irritiert, dass sie erzählte, sie hätte trotz der Tatsache, dass sie grade mal Mitte 20 war, schon in sechs verschiedenen Einrichtungen gearbeitet. Aber nun gut, meine eigene Erwerbbiographie war ja auch recht bunt.

Aus organisatorischen Gründen durften die Kinder nur in Gruppen von Maximal 20 Leuten in die Kita und je eine unserer Betreuungsmitarbeiter sollte die pädagogische Fachkraft unterstützen. Aber an dem Morgen waren wir knapp besetzt und ich konnte erst eine halbe Stunde später jemanden schicken. Sie meinte aber, das würde ihr reichen und schloss den Raum auf.

Es dauerte ungefähr eine Stunde, da hörte ich über Funk: „Sicherheitsalarm in der Kita!“ Jeder ließ alles stehen und liegen und eilte zur Kita. Auf dem Flur kamen uns scharenweise kreischende Kinder entgegen, die in alle Himmelsrichtungen liefen, wie eine Bande Mäuse, die von der Katze bei der Plünderung der Speisekammer überrascht worden waren. Mein Herz schlug bis zum Hals. Paul kam mir in voller Montur mit einem Rettungsrucksack auf dem Rücken und einem Beatmungsgerät in der Hand entgegen geschnauft. Vor der Tür der Kita stand ein Sicherheitsmann. Als wir hinein blickten, bot sich uns ein Bild der Verwüstung. Der Inhalt sämtlicher Kisten, Puzzles, Spiele und Legosteine lag wild im Raum verteilt. Die Vorhänge hingen herunter, überall waren Kleckse mit Fingerfarben gemalt worden und die Holzburg sah aus, als habe sie eine Horde Barbaren im Sturm genommen. Unter einem Haufen Decken hörten wir ein herzzerreißendes Schluchzen. Paul zog vorsichtig einen Spielteppich mit aufgedruckten Straßen zur Seite, darunter kauerte die Kindergärtnerin. Paul war zwar ein guter Mediziner, aber mitunter nicht grade der zart fühlenste. „Hast du den Kindern Handgranaten zum Spielen gegeben oder was war hier los?“, fuhr er sie an. Das war zwar nicht grade taktvoll, aber der Zustand der Kita ließ diese Vermutung durchaus zu. „Ich, ich habe versagt!“, heulte sie, was den Tatsachen entsprach. Wir konnten schnell rekonstruieren was geschehen war. Als sie aufschloss, warteten bereits einige aufgekratzte Kinder vor der Tür und freuten sich schon auf einen schönen Spieltag. Unsere pädagogische Fachkraft war aber bereits vom Anblick der Kinder restlos überfordert und floh vor der johlenden fröhlichen Schar in die Holzburg. Dort verschanzte sie sich und die Kinder, die das für ein lustiges Spiel hielten, fingen an die Burg zu belagern und nach Wurfgeschossen zu suchen, um die Festung sturmreif zu schießen. Unter dem Bombardement aus Legosteinen, Knete und Fingerfarben kapitulierte die panische Frau und versteckte sich unter einem Sitzkissen, welches sie sich über den Kopf stülpte. Das verstanden die Kinder als Aufforderung. Decken und alles, was sie in die Patschhändchen bekamen auf sie zu häufen. Auf das Gekreische, nicht zuletzt das der Kindergärtnerin, wurde ein Wachmann aufmerksam, der dann sofort den Sicherheitsalarm auslöste. Als er rein gestürmt kam, erschreckten sich die Kleinen und rannten davon und den Rest der Geschichte, kennen Sie ja bereits. Wir brauchten einen Tag, um alles wieder instand zu setzten, die Kinder aber waren enttäuscht, als sie hörten, dass die lustige Frau wohl nicht wiederkommen würde.

Rechtzeitig zum Weihnachtsfest meinte eine Kirchengemeinde, uns ihre ausgemusterten Bettsessel, oder wie auch immer diese Möbel heißen mögen, zu spenden. Da im Gemeindevorstand einer der unvermeidlichen Ordensritter saß, rief mich Meyer zum Hofe persönlich an und beauftragte mich, eigenhändig mit einem LKW und ein paar Helfern die edle Spende in Empfang zu nehmen. Also ging es durch die verschneiten Straßen zur entsprechenden Kirche, vor der bereits ein Empfangskomitee inklusive Pfarrer im vollen Ornat wartete. Das obligatorische Foto wurde gemacht und wir schleppten etwa 200 seltsame Möbel in den Laster. Die Sitzflächen waren gepolstert und mit lauter goldenen Miniaturkreuzen auf hellblauem Grund gemustert. An der Rückseite war mit Scharnieren eine hochklappbare Bank zum drauf Knien angebracht.

Alles in tadellosem Zustand und abscheulich anzusehen. Wir versicherten, dass wir das sehr gut gebrauchen könnten, bekamen Gottes Segen mit auf den Weg und ließen die ganze Ladung in einen der Keller verschwinden.

Das Weihnachtsfest verlief ohne, dass uns jemand gestört hätte, die meisten von uns hatten eh nichts damit am Hut und zur offiziellen Weihnachtsfeier der Martiner war nur Knüllenbrink eingeladen. Wir Fußvolk waren dessen unwürdig, was mir aber sehr entgegen kam.
Obwohl die Regierung sich neuerdings um jeden Mist, wie die Pilzwarnung bewies, kümmerte, war das Jahresende wohl ihrer Aufmerksamkeit entgangen. Raketen, Böller und all dergleichen konnten für unsere traumatisierten Bewohner eine ernste Gefahr darstellen. Also informierten wir sie rechtzeitig, dass man die alte deutsche Tradition, von Zeit zu Zeit mal einen Weltkrieg vom Zaun zu brechen, nicht wieder aufleben lassen würde, sondern einfach mal so zum Spaß am 31.12. herumballerte. Wir luden daher alle, die wollten, zu einer gemeinsamen Feier in die Kantine ein und viele von uns verbrachten bei einem Gläschen Pfefferminztee und selbstgemachten Snacks die Silvesternacht mit unseren geflüchteten Mitmenschen bei fröhlicher Jallajalla Musik

Bauvorhaben

Zu Beginn des neuen Jahres kamen einige Veränderungen auf uns zu. Robbys Abkommandierung endete und seine Kompetenzen wurden entweder auf uns übertragen, oder schlicht auf niemanden. Wir hatten einen ganzen Schwung Sozialarbeiter, die sich mit unterschiedlichem Elan ihren Aufgaben widmeten. Im Wesentlichen wurden ihnen einiges, wie Postzustellung und Erläuterung der amtlichen Schreiben übertragen, aber auch die Bearbeitung von sogenannten Transferlisten, auf denen die Namen der Bewohner standen, die in andere Unterkünfte weitergeschickt wurden. Das war eine zeitraubende Angelegenheit, denn viele wollten mit ihren auf der Flucht kennengelernten Leidensgenossen zusammenbleiben. Sogenannte „Fluchtgemeinschaften" konnten als familienähnliche Zusammenschlüsse akzeptiert werden, mussten dann aber erst einmal von der Liste genommen und der Regierung zwecks Neuverteilung gemeldet werden.

Immer noch kamen mehr Menschen zu uns, als wir verteilen durften, und somit rückte die Erweiterung unserer Kapazitäten immer mehr in den Mittelpunkt. Die Schwierigkeiten neue Häuser in Betrieb zu nehmen, waren beachtlich. Dazu kam, dass etwa die Hälfte der leichter wieder Instand zu setztenden Bauten der Stadt als kommunale Erstaufnahmeeinrichtung überlassen worden war. Dieses warf viele unserer ursprünglichen Planungen über den Haufen. Das labyrinthische Haus 33 stand bei allen Planungen im Mittelpunkt. Jede Woche erschien Knüllenbrink mit Herren der Liegenschaftsverwaltung und des Planungsbüros und schloss sich mit gewichtiger Miene mit ihnen in einen Besprechungsraum ein, denn er war schließlich der Einzige, der nach seiner eigenen Aussage dazu kompetent war. Dort wurden Pläne gewälzt und verworfen und nach ungefähr einer Stunde verließ er uns meistens, ohne ein Wort über das, was dort besprochen wurde zu verlieren. Die anderen Herren waren da weniger unnahbar und plauderten mit uns über tote Wasserleitungen, mangelhafte Fluchtwege, Ungeziefer Befall und Elektroleitungen, die in ihrer gesamten Länge den Todesstern aus „Star Wars" ohne weiteres zum Erleuchten gebracht hätten. Auf meine Frage, worin nun die magische Kompetenz Knüllenbrinks, eines abgebrochenen Studenten bestehe, zuckten sie nur mit den Schultern und meinten, er würde die ganze Zeit nur mit seinem Handy spielen, es sei aber dekorativ, jemanden vom betreuenden Verband dort sitzen zu haben. Obwohl Kolonnen von Handwerkern das besagte Haus bevölkerten, stießen sie immer wieder auf neue Überraschungen, darunter eine Deckenverkleidung aus Holz mit hübschen Einlegearbeiten in Form von niedlichen kleinen Hakenkreuzen, was man als Dekoration für das geplante interkulturelle Café für unangebracht hielt. Außerdem spukte es in dem Haus, mehrere Handwerker und Sicherheitsleute, die dort nachts Streife liefen berichteten über den Schuhputzer, einem Mann in weißem Drillichzeug, der ein Paar Stiefel putzte und jedes Mal verschwand, wenn man ihn aus der Ferne ansprach. Offenbar war bei den Übungen mir den Drogenspürhunden mehr verschwunden, als die Bundespolizei einräumen wollte. Wie auch immer, es ging nicht so recht vorwärts.

Umso mehr waren wir verwundert, als Knüllenbrink Patrik und mich eines morgens zur Seite nahm und uns eröffnete, dass Haus 33 bis Ende der Woche mit Betten und Mobiliar, welches bisher in den Panzerhallen lagerte, zu bestücken sei. „Ist denn das Haus bezugsfertig?", wunderte sich Patrik. „Das sollte es längst sein, aber dank eurer Lahmarschigkeit stehen da noch nicht mal Betten drin und der Chef hat nächste Woche einen Pressetermin, um das neue Haus vorzustellen. Wie steh ich denn nun da, dank eurer Schlamperei und Nachlässigkeit?", schnauzte er in seiner Art, die er für autoritär und souverän hielt, auf andere aber nur wie eine Parodie aus Chaplins „Der große Diktator" wirkte. Offenbar hatte Knüllenbrink dem Chef von den sogenannten Baubesprechungen immer nur Fortschritte gemeldet. Wahrscheinlich handelte er wie alle Hofschranzen, und meldete nur positive Dinge, damit sein Chef ihn stets nur mit guten Nachrichten assoziierte. Das Negative verschwieg er. Als dann der Chef schließlich einen Ortstermin machen wollte, um sich in dem neuen Gebäude ausgiebig fotografieren zu lassen, hatte Knüllenbrink ihn vertröstet, wir wären bislang zu faul und inkompetent gewesen, dort Möbel aufzustellen. Aber nächste Woche wäre es so weit. Also ließen wir inmitten von Malerarbeiten, Elektroinstallateuren und Maurern Betten und Einmalbettzeug in die Zimmer schaffen und versprachen den Handwerkern, nachdem der Termin gelaufen war, schnell alles wieder aus dem Weg zu schaffen, damit weitergearbeitet werden konnte. Die Farce gelang und Mayer vom Hofe und Knüllenbrink bekamen ihre Bilder. Aber damit war leider nichts gelöst.

Eines mittags kurze Zeit nach dem Potemkinschen Termin kam ich zum Spätdienst, Patrik und ich hatten uns die Dienste geteilt. Aus der Ferne sah ich den Arm eine Mobilkrans über den Exerzierplatz aufragen. Daran hing ein Wohncontainer. Patrik setzte mich ins Bild. Bereits in der frühe der Kran und kurz darauf Schwerlaster mit Wohncontainern vor dem Tor standen, die im Auftrag der Regierung bei uns aufgestellt werden sollten. Seine Nachfragen dort ergaben, dass dieses

Bauvorhaben schon vor einiger Zeit mit – Sie wissen schon wem - abgesprochen worden war. Der hatte es aber schlicht versäumt, irgendwen darüber zu informieren. Auch nicht die Liegenschaftsverwaltung, deren Herren nun ziemlich unentspannt mit der Regierung telefonierten, schließlich war die Kaserne ihr Spielplatz. Es zeigte sich mal wieder, dass es schon nicht gut ist, wenn die linke Hand nicht weiß, was die Rechte tut. Aber wenn die Linke gar nicht weiß, dass es eine Rechte überhaupt gibt, wird es chaotisch. Es existierte weder ein Konzept für die Nutzung der Container noch Wasser- und Stromanschlüsse, geschweige denn Abflüsse für die Duschen und Toiletten. Als dann später alles notdürftig an die Kanalisation angeschlossen wurde, verwandelte sich der Exerzierplatz beim ersten schweren Regen in einen gigantischen See, weil natürlich die 80 Jahre alte Kanalisation mit der neuen Aufgabe, insgesamt 32 Wohneinheiten zu entfluten hoffnungslos überfordert war. Es sollte fast ein halbes Jahr dauern, bis wir die Container nutzen konnten, bei einer Tagesmiete von 200 Euro pro Einheit aus Steuergeldern.

Die folgende Baumaßnahme war ebenfalls eine Mischung aus Profitgier und Mangel an Sachverstand, gewürzt mit einer Prise Menschenverachtung, also ein klassischer Martiner.

Das Jugendamt hatte, nolens volens, sich in den letzten Monaten um viel mehr unbegleitete, minderjährige Flüchtlinge (UMF) kümmern müssen, als ihnen lieb war. (Und die ganze Sache stank ihnen wirklich gewaltig.) Also hatte man eine hübsche Summe für diejenigen ausgelobt, die ihnen das Problem abnehmen würde und Sie werden es nie erraten, wer da laut – „Hier!" - geschrien hatte. Ohne jemals mit Jugendarbeit in irgendeiner Form zu tun gehabt zu haben, ernannte Meier zum Hofe, nachdem er den Zuschlag vom Jugendamt bekommen hatte, Knüllenbrink zum Leiter der neugegründeten Martiner Jugendkrisenabteilung. Dieser rief alle Sozialarbeiter unseres Hauses zusammen und nachdem sich herausstellte, dass auch von denen keiner Erfahrungen in diesem Bereich hatte, sagte Knüllenbrink : „Ich habe in meiner pädagogischen Kompetenz entschieden, dich", und dabei zeigte er auf die ihm nächst sitzende Sozialarbeiterin, zur Leiterin des UMF-Bereiches zu ernennen." Als sie widersprach, meinte er nur trocken. „Du hast nur einen befristeten Vertrag, also möchte jemand anders?" Niemand meldete sich. Dann rief er den Hausmeister und beauftragte ihn, in einen im Dachgeschoss leerstehenden Raum, 15 Zellenartige Räume mit Rigipsplatten abzuteilen. Fertig war der UMF-Bereich mit Einzelzimmern wie gefordert. Dass diese keine Fluchtwege und in einem Fall noch nicht mal ein Fenster besaßen, störte nicht. Die Martiner durften also 15 Jugendliche, die sich praktisch selbst überlassen wurden, zu einem Tagessatz von 150 Euro aufnehmen. Weder auf Seiten des Jugendamt, noch natürlich auf Seiten Meyer zum Hofe oder Knüllenbrinks kümmerte es die Bohne, unter welchen Umständen und mit welchem Betreuungsschlüssel die Kinder dort untergebracht waren. Erst auf Druck der Regierung stellte man dafür ein halbes Jahr später Personal ein. Bis dahin mussten sich unsere Betreuungsmitarbeiter zusätzlich um die verstörten und einsamen jungen Menschenkinder kümmern, was sie in hervorragender Weise taten, wenn auch weit entfernt von den Standards professioneller Jugendhilfe.

Kontrollzwang

Nach Robbys Weggang änderte sich die Überwachung durch die Regierung. Waren es bislang mehr Mails, Rundschreiben und Amtsblätter, in denen einzelne Weisungen verlautbart wurden, so kamen nun so genannte Kontrollteams zum Einsatz. Wie schon erwähnt, waren auch schon pensionierte Beamte aus allen möglichen Bereichen dazu aufgerufen worden, sich freiwillig zu melden, um die Regierung in der Flüchtlingsarbeit zu unterstützen. Es meldeten sich vorwiegend ehemalige Lehrer und Polizisten. Das war angesichts der Tatsache, dass in diesen Berufen Kontrolle von Sachen, Personen, Klassenarbeiten, Führerscheinen, Papieren aller Art, Parksündern, sonstigen Sündern, ungewaschenen Händen, Temperatur des Frühstücksei, Rennen auf dem Flur und Herumsitzen auf den Heizkörpern ein wesentliches Tätigkeitsmerkmal dieser Berufsgruppen war und ist, eine logische Konsequenz. Normalerweise verbringen solche Leute ihren Ruhestand mit Hobbys wie Züge fotografieren, Lokalforschung zu obskuren Themen zu betreiben und die Ergebnisse dann im Selbstverlag zu veröffentlichen. Dabei kamen dann Bücher wie „Atlantis lag in Altenhundem“ heraus. Oder man beschäftige sich damit, die Nachbarschaft nach und nach zu verklagen. Jedenfalls eine sehr spezielle Sorte Mensch. Und zwei solcher Exemplare kamen nun zur Wache, um eine Inspektion unserer Einrichtung im Auftrag der Regierung durchzuführen. Beide waren in ihren frühen 70ern, und trugen großgemusterte Jacketts, die sie auf einem Shopping -Trip 1974 zu C&A erworben und seitdem nie wieder abgelegt hatten. Es ging schon an der Wache los. „Wer sorgt denn hier für die Sauberkeit?“, fragte der eine, unverkennbar ein pensionierter

Oberstudienrat, während ihm seine Lesebrille fast von der Nase rutschte. Dabei deutete er auf eine Gebäudeecke, in der sich etwas Laub vom Vorjahr hinter einer Regenrinne verfangen hatte. „Wir haben zwei festangestellte Hausmeister und die Bewohner unterstützen diese bei der Pflege der Außenanlagen. Die Innenreinigung wird von einer dafür beauftragten Firma vorgenommen, die täglich mit 10 Fachkräften nach dem vorgeschriebenen Putzplan säubert", antwortete ich und konnte mir die Bemerkung nicht verkneifen: „Genau nach Dienstvorschrift." Der Mann zog ein Klemmbrett aus seiner speckigen Aktentasche und machte sich eine Notiz. „Sehr nachlässig", bemerkte er. Dabei wandte er sich an seinen Kollegen und deutete bedeutungsschwanger auf das Dach des gegenüberliegenden, leerstehenden Gebäudes, welches von Grünspan übersät war. Dann warf er noch mal einen Blick auf die Ecke mit der Regenrinne und stocherte mit seinem Kuli in den drei trockenen Blättern rum. „Sehr, sehr nachlässig", murmelte er wieder und sah missbilligend seinen Kollegen an, der mit dem Kopf nickte. Dieses konnte man als Zustimmung deuten, da der Mann aber ständig den Kopf bewegte, auch als Ausdruck der Parkinsonschen Erkrankung. In dieser Manier ging es nun weiter, nach einer Stunde, in der Maulwurfshaufen auf der Wiese, mangelhaft beschnittene Gebüsche und schief verlegte Gehwegplatten ausgiebig in Augenschein genommen worden waren, näherten wir uns endlich dem ersten Gebäude, in dem tatsächlich diejenigen untergebracht waren, um deren Wohlergehen es gehen sollte, nämlich unsere Bewohner. Dabei hatte der Oberstudienrat bereits fünf Seiten Notizen gemacht, während sein Kollege, von der Schüttellähmung gehandikapt, nur ununterbrochen nickte. Wenn ihn diese Erkrankung während seiner aktiven Dienstzeit ergriffen hatte, war sein Nicken bestimmt ein guter Grund dafür, dass er regelmäßig befördert wurde. Zumindest wäre es bei den Martinern so gewesen.

„Und dort sind also auch ein paar von diesen ... Menschen untergebracht?“ Der ehemalige Lehrer war offenbar erstaunt, dass unser Hauptaugenmerk nicht der Pflege der Grünflächen galt. „Wollen wir reingehen?“, schlug ich vor. In dem Moment bückte sich Herr Parkinson, wobei seine Hose mit einem hörbaren „raatsch“ an den Nähten aufriss. Er hob eine kleine violette Blume, die er am Wegesrand gepflückt hatte auf, und verkündete nuschelnd „ Chaerophyllum hirsutum, behaarter Kälberkropf, sehr selten vor Lätare anzutreffen.“ Sein Kollege machte sich eifrig Notizen. „Nun,“ ließ er wissen und schob seine Lesebrille auf die Nase, „Ich denke wir haben genug gesehen.“ Wir gingen wieder zum Tor. Ein Junge von ca. 14 Jahren, in Jeans und Turnschuhen, kam uns entgegen und grüßte höflich. „Das Hemd gehört in die Hose, junger Mann“, entgegnete der Studienrat. Der Junge verstand kein Deutsch, lächelte und ging weiter. Nun schüttelten beide im Takt den Kopf und verschwanden durch das Tor.

Und das war noch eine der besseren Kontrollen, die ich erleben musste.

Eine andere Art der Kontrolle kam ebenfalls seltsam daher. Über Funk hörte ich von der Wache: „Die Polizei ist auf dem Gelände.“ Das war nicht ungewöhnlich, einmal pro Woche kamen in der Regel die beiden netten Bezirksbeamtinnen und fragten nach Vorkommnissen. Sie plauderten über die Lage und verschwanden nach einer halben Stunde wieder. Die Damen waren nett und kompetent und wirklich an unserer Arbeit interessiert, es sei denn ich hatte von Vorkommnissen wie kleineren Diebstählen oder offensichtlichem Identitätsschwindel zu berichten. Dann lächelten sie freundlich, machten sich

Notizen., zerknüllten diese mit an Sicherheit grenzender Wahrscheinlichkeit, sobald sie das Gelände verlassen hatten, und fuhren etwas zeitiger als sonst wieder von dannen. Aber Hauptsache, ab und zu zeigte sich bei uns die Ordnungsmacht, das war mir schon genug.

Die beiden Angekündigten saßen also nun vor meinem Schreibtisch

Der Mann und die Frau trugen Zivil und ihre Kleidung hatte schon bessere Tage gesehen. Beide sahen aus, als hätten sie unter einer Brücke genächtigt. Der Mann hielt mir einen Dienstausweis unter die Nase. „Staatsschutz", bemerkte er knapp. Mir gingen sofort alle Filme durch den Kopf, in denen man nach solch einer Eröffnung meistens in eine dunkle Limousine gezerrt wird und auf nimmer Wiedersehen verschwindet. Die Frau fragte bestimmt: „Kennen sie einen Herrn Abdullah Abdullah?" „Oder einen Ibrahim Abramowitsch, auch bekannt unter Simm Salabim (oder so ähnlich). Ich kannte weder persönlich jemanden dieses Namens, noch war in unserer Bewohnerliste auch nur ansatzweise jemand desgleichen aufgelistet. Ich sah mich schon auf den Weg in die Limousine. „Ich zeige Ihnen mal ein Bild." Der Mann zog ein in A4 Blatt aus der Tasche. Auf dem zerknitterten Zettel waren zwei grobkörnige schwarz-weiß Ausdrucke zu sehen, die entweder zwei männliche bärtige Personen, den Yeti oder Stalins Mutter zeigten, die Aufnahmen ließen da keine genauere Deutung zu. Ich schüttelte den Kopf und, um die Situation zu entspannen fragte ich: „Soll ich mal meine Mitarbeiter fragen, vielleicht können die ihnen ja weiterhelfen?" Beide schauten so entsetzt, als habe ich ihnen den Vorschlag unterbreitet, wir könnten uns gemeinsam ein wenig unbekleidet im Brennsesselgestrüpp hinterm Haus wälzen. „Das ist streng vertraulich, diese Informationen dürfen nicht an die Öffentlichkeit gelangen", sagte die Frau und ließ den Zettel hektisch in ihrer Manteltasche verschwinden. Dann gingen die beiden, nicht ohne mich nochmals auf meine Staatsbürgerpflicht hinzuweisen, die Arbeit der Sicherheitsorgane des Staates zu unterstützen. Was ich hiermit tue. Wenn Sie also jemals auf der Straße bärtigen Männern, dem Yeti oder Stalins Mutter begegnen sollten, rufen Sie bitte umgehend den Staatsschutz an.

Nebenkosten

Ein großer Ökonom hat einmal Geld in vier verschiedene Arten aufgeteilt: Das eigene Geld, das man für sich ausgibt, mit dem man sparsam ist. Das eigene Geld, das man für die diejenigen, die einem nahe stehen ausgibt, damit ist man schon spendabler. Mit fremdem Geld für andere ist man schon fast verschwenderisch. Und fremdes Geld für sich auszugeben, dabei ist man schrankenlos.

Paul hatte als Leiter des Sanitätsbereiches eine Fülle von Aufgaben. Seine Hauptbeschäftigung war, unablässig Dampfwolken aus seiner elektronischen Pfeife auszustoßen, so dass man meistens seine Stimme nur aus einer Nebelwolke hören konnte.

Der Sanitätsbereich war Anlaufstelle für alle Bewohner, um medizinische Hilfe bei kleinen Gesundheitsproblemen zu erhalten, denn nur nach erster Inaugenscheinnahme durften Behandlungsscheine für Ärzte oder gar Krankenhauseinweisungen vorgenommen werden. Taxischeine wurden nach den ersten Wochen und nachdem jemand bei der Regierung, der für die Begleichung der Taxikosten zuständig war, einen Herzklappenabriss bekam, als die Rechnungen eintrudelten, nur noch für begründbare Ausnahmefälle ausgestellt. Die Bewohner bekamen für Arztfahrten übertragbare Bustickets, welche die Stadtwerke großzügig zur Verfügung gestellt hatten. Diese mussten nach Gebrauch zurückgegeben werden, damit die nächsten sie benutzen konnten, was auch ganz gut funktionierte.

Dann war er noch für die Notfallversorgung und das Organisieren von Arztsprechstunden in der Kaserne zuständig, was nur so mittel gut klappte. Das lag aber weder an Paul noch an der Ausstattung unsere Untersuchungsräume, sondern daran, dass nur wenige niedergelassene Ärzte die Lust und Zeit hatten, zu uns zu kommen. Offen gesagt fand ich das nicht tragisch, wer was hatte, der wurde halt zum Arzt geschickt, auch gut. Aber Impfungen wurden bei uns durchgeführt und das durfte nur durch Ärzte geschehen. Die dafür vorgesehenen Impfstoffe wurden von den Ärzten mitgebracht. Dann kam jedoch jemand auf die Idee, dass wenn man die knapp 80 Euro teuren Impfdosen zentral einkaufen würde, es für alle billiger werden könnte. Ich saß mit Paul in seinem Büro, im dem er nebenbei noch fleischfressende Pflanzen züchtete. Es waren ausladend große Gewächse und wir alle hatten den Verdacht, dass sie sich nachts aus ihren Töpfen erhoben und für das Verschwinden von ein paar Bewohnern verantwortlich seien, aber vielleicht waren diese ja auch nur beim Dönermann schwarzarbeiten. Ich erwähnte glaube ich schon, dass Sanitätsoffiziere ein sehr besonderes Völkchen sind, da machte Paul keine Ausnahme. Während ich also dasaß, klang seine Stimme aus einer übelriechenden Wolke an mein Ohr. „Wir dürfen die Impfdosen nach Empfehlung durch die ständige Impfkommission des Robert-Koch-Institutes nur in einem zugelassenen Medikamentenkühlschrank, der Erschütterungsfrei ist und dessen Temperatur abgelesen werden kann aufbewahren." „Dann bestellen wir einen", schlug ich nur mäßig erregt vor. „Wir haben aber die Lieferung von 150 Dosen für Freitag, in fünf Tagen angemeldet bekommen." „Dann ruf Knüllenbrink an, die Sache wäre eilig. Und schick ihm zusätzlich eine Mail." Das letzte Wort bei allen Bestellungen hatte Knüllenbrink. Zwei Tage später kam Paul, eine Miniaturdampfspur wie ein zu klein geratener Güterzug hinter sich herziehend, in mein Büro gestürmt. „Mir wurde grade ein ganz normaler

Haushaltskühlschrank geliefert." „Fein", sagte ich scherzhaft, „dann bleiben die Schweinehälften, mit denen Du Deine Pflanzen fütterst länger frisch." Aber Paul war nicht zum Scherzen aufgelegt. „Dieser aufgeblasene Suffkopf von Knüllenbrink hat einen Falschen bestellt, wahrscheinlich nach dem fünften Gin Tonic." Ich griff zum Telefon und rief Knüllenbrink an. „Ich bestelle nie was Falsches, nach meiner fachlichen Meinung reicht ein einfacher Kühlschrank aus", motzte er am am anderen Ende der Leitung rum. „Aber die ständige Impfkommission des Robert-Koch-Institutes..." „Kann mich mal am Arsch lecken, alles unfähige Spinner." Knüllenbrink hatte aufgelegt. „Du hast ja mitgehört", bedauernd sah ich zu Paul. „Dieser Popanz hat ja noch nicht mal die Rettungsassistenten Prüfung geschafft, weil er zu faul zum Lernen war. Was für eine fachliche Meinung? Für diesen halbgebildeten Lackaffen ist Robert Koch der Erfinder des Maggi Kochstudios!" Paul kam auf Betriebstemperatur. „Komm runter, schreib ihm eine Mail wegen der falschen Bestellung und dass du nicht die Verantwortung übernimmst, wenn was schief geht." Es ging schief, die Lieferung kam, wurde unsachgemäß in dem falschen Kühlschrank gelagert und 900 Impfdosen im Wert von 12000 Euro mussten auf Anweisung des Amtsapothekers entsorgt werden. Als die Sache in Gegenwart von Meyer zum Hofe durch Patrik angesprochen wurde, teilte Knüllenbrink mit, seine Bestellung sei korrekt gewesen, der Lieferant habe den Fehler gemacht. Meyer zum Hofe meinte dazu nur, es sei ja den Martinern kein finanzieller Schaden entstanden, daher solle man die Sache nicht weiterverfolgen.

Ein weiterer Fall, der Paul auf die Palme brachte war, dass ihm ständig Personal fehlte. Die Regierung bezahlte, das wusste ich von Robby, 3 Vollzeitstellen pro Schicht.

Personalkosten wurden den Martinern voll ersetzt, plus eine sehr geschmackvolle Aufwandsentschädigung pro Betriebstag, ungefähr im Monat ebenso viel, wie der ganze restliche Oberkreisverband abwarf. Aber Sanitätspersonal konnte man immer gebrauchen. Und so wurden Pauls Mitarbeiter, die ja eigentlich in der Sanitätsstation arbeiten sollten und wofür die Regierung deren volle Gehaltskosten übernahm, von Knüllenbrink auf Krankentransporte, Sanitätsdienste und Rettungswagen geschickt, wofür die Martiner ja ebenfalls sehr gut bezahlt wurden. Dafür wurde Knüllenbrink, wegen seiner kaufmännischen Brillanz von Meier zum Hofe sogar ausdrücklich gelobt und Paul wegen seiner unangebrachten und kleinlichen Kritik, dass es sich um Betrug handeln würde, scharf getadelt.

Ein weiterer Posten, auf dem man Sparpotential in vielfacher Hinsicht hatte, war die Getränkeversorgung unserer Bewohner. Es wurden immer noch Halbliter Tetrapacks in beliebiger Menge an die Bewohner verteilt. Jeden Tag ungefähr 2 Paletten, à 576 Behälter zu ca. 400 Euro. Dazu bergeweise Müll, in der Woche über 4000 Tetrapacks.

Auf der Suche nach Alternativen wurde Patrik fündig, als er eine andere Unterkunft in einer Großstadt besuchte. Dort waren für weniger als die Hälfte des Geldes Wasserspender beschafft worden. Diese konnten an normale Wasserleitungen angeschlossen werden und mit Hilfe eines Filters Trinkwasser ausgeben. Die Bewohner bekamen jeden Tag spezielle Plastikflaschen, die dann nachts gespült wurden und konnten so ganz ohne Müll und für wesentlich weniger Geld immer auf frisches Trinkwasser zugreifen. Patrik erarbeitete dazu ein Konzept und legte es Knüllenbrink und Meier zum Hofe vor. Knüllenbrink meinte sofort: „Quatsch, es läuft doch auch so. Zahlen wir doch nicht.“ Meier zum Hofe nahm das Konzept entgegen und gab Knüllenbrink Recht. Patrik war frustriert, seine Bemühungen waren aber keinesfalls für die Katz. Etwa ein Jahr später trat Meier zum Hofe in eine Partei ein, die sich den Umweltschutz auf die Fahnen geschrieben hatte. Wie alle Karrieristen nutzte er die Parteikontakte als Plattform für sein eigenes Weiterkommen, ein guter Freund von mir. Der ebenfalls dieser Partei angehörte, erzählte mir das sich Meier zum Hof an jedem Funktionär und Amtsträger anwanzte, der in seine Reichweite kam. In diesem Kontext zauberte er Patriks Konzept aus dem Hut und präsentierte es als seine Idee, den Umweltschutz und die Müllvermeidung in die Flüchtlingsarbeit zu integrieren. Bis dahin hatten nur wir, mehr als 200.000 Tetrapacks verbraucht. Eine weitere unglaubliche Zahl:

Wir verbrauchten nur in unserer Einrichtung im Jahr circa zwei Millionen Messer und Gabeln aus Plastik, 1, 5 Millionen Becher und 600.000 Teller.

Ein weiteres Konzept von Patrik, durch die Einrichtung einer Spülstraße und der Verwendung von Mehrfach - Geschirr statt der Plastikware etwas zum Umweltschutz beizutragen., landete ebenfalls zur Bearbeitung bei Meier zum Hofe, aber der leitete es an Knüllenbrink weiter, wo es auch für immer blieb. Dafür wurde dem Hausmeister ein benzinbetriebenes Laubgebläse aus ökologischen Erwägungen, wie es in der Mail vom Geschäftsführer stand, nicht genehmigt. Offenbar war dem Umweltschutz damit vorerst einmal Genüge getan.

Feiertage

Die höchst unterschiedlichen Kulturen, die in der Flüchtlingsarbeit aufeinandertrafen, machten das Thema Feiertage zu einer sensiblen Angelegenheit. Die überwiegende Mehrheit, ca. 80 Prozent unserer Bewohner waren sunnitische Muslime, aber auch Schiiten, orthodoxe Christen, Jesiden und sogar Hinduisten waren unter den restlichen Gästen. Wir hatten überkonfessionelle Gebetsräume eingerichtet, aber hielten keine organisierten religiösen Veranstaltungen ab. Dafür kamen Einladungen ihrer jeweiligen Religionsgemeinschaften von außen, denen einige Bewohner folgten, aber eigentlich spielte sich die Ausübung von Religiosität zumeist im Privaten ab. Da die verschiedenen Gruppen einander respektierten, oder zumindest aus dem Weg gingen, kam es nie zu religionsbezogenen Auseinandersetzungen. Wir waren verwundert, aber natürlich auch erleichtert, denn Menschen können einander normalerweise die schlimmsten Untaten verzeihen, aber nicht wenn der jeweils andere, Gott auf eine unterschiedliche Art und Weise anbetet.

Da ich nicht glaube, dass Gott sich für religiöse Auseinandersetzungen oder überhaupt für Theologie interessiert und ich, wie viele Mitteleuropäer, nicht allzu häufig von religiösen Gefühlen heimgesucht werde, versuchte ich das Thema Religion so wenig als möglich in den Fokus zu rücken.

Aber auch ich konnte die Tatsche nicht ignorieren, dass Feste, die aus religiösem Anlass gefeiert werden, in der Regel ein fröhliches und harmonische miteinander mit sich bringen, sofern man sie nicht wie Weihnachten im Familienkreis verbringen muss. (Zumindest weiß man spätestens dann, woher das Wort Familienbande kommt.)

Also planten wir den Ramadan gemeinsam mit den Bewohnern zu organisieren und das Fastenbrechen (Iftar) den Bewohnern zu ermöglichen, welche den Ramadan einhalten wollten. Darüber hinaus planten wir das, im türkischen Zuckerfest genannte, (Eid al-Fitr) Fest am Ende des Ramadans, für alle Bewohner, die dazu Lust hatten. (Und die meisten hatten Lust, egal welcher Herkunft und Religionsbekenntnisses.) Die Bewohner, welche den Ramadan einhielten, bekamen nach Sonnenuntergang Speisen in der Kantine serviert, ergänzt durch großzügige Spenden von allerhand Leckereien, die die umliegenden Muslimischen Gemeinschaften bei uns vorbei brachten. Die Reste waren stets reichlich und eine willkommene Ergänzung des Speiseplans, auch wenn das eigentlich verboten war. (O-Ton Knüllenbrink. „Wer weiß, was für einen Mist die da reinbringen und unter welchen unhygienischen Bedingungen es hergestellt wird. Ich verbiete das!") Da er aber niemals nach 15:00 Uhr arbeitete und abends selten überhaupt ansprechbar war, ignorierten wir sein ekelhaftes Geschwätz. Auch unsere dem islamischen Kulturkreis verbundenen Mitarbeiter trugen stets zum Buffet bei. So musste mancher von uns während des Ramadans eine deutliche Gewichtszunahme verzeichnen, zumindest diejenigen, die nicht fasteten, aber bei den Köstlichen zusätzlichen Gaumenkitzel nicht nein sagen konnten.

Das wohl bedeutendste Fest im islamischen Jahreskreis, das Opferfest (Eid ul-Adha), stellte uns vor andere Herausforderungen. Es ist unter anderem üblich, dass im Freundes- und Familienkreis ein gemütliches Barbecue stattfindet, außerdem wird Musik abgespielt und auch hier findet alles möglichst im

Freien in einer Atmosphäre heiterster Ausgelassenheit statt. Diesmal besorgten wir uns zuerst einmal die offizielle Erlaubnis von der Regierung, das Fest zu organisieren, um die Knackwurstfraktion der Martiner auszubooten. Ein paar unserer Mitarbeiter nutzten ihre Kontakte zu den muslimischen Gemeinschaften, um Geld für den Einkauf von Fleisch und Grillgerät zu organisieren. Wir spendeten außerdem jeder noch privat Geld. Da seitens der Martiner man zwar zähneknirschend akzeptieren musste, dass die Regierung grünes Licht für die Aktion gegeben hatte, verbot man wenigstens Geld, Arbeitszeit oder sonstige Ressourcen zur Durchführung zu verwenden. Außerdem durften an diesem Tag nur Mitarbeiter bei dem Fest anwesend sein, die freiwillig dort erschienen und sich dafür keine Überstunden anrechnen ließen. Alle die im regulären Dienstplan standen, mussten strikt Abstand halten, was von Knüllenbrink fotografisch dokumentiert wurde, trotz des Fotografier Verbot auf dem Gelände.

Es wurde dennoch ein rauschendes Fest. Auf der großen Wiese wurden bei strahlendem Wetter ca. 40 Grillstationen für alle, Muslime wie Nichtmuslime aufgebaut. Tonnenweise Lebensmittel und von unserem Caterer großherzig gespendete Bestecke und Salate kamen zum Einsatz. Überall ertönte Musik und Patrik und ich mussten bei jeder Familie als Ehrengäste wenigstens einen Happen probieren. In dieser Nacht tat ich kein Auge zu, da mein Magen der Meinung war, ich hätte flüssiges Blei zu mir genommen, aber das war´s wert. Die Aktion sprach sich herum und wir (oder genauer gesagt Meier zum Hofe und Knüllenbrink) bekamen ein Belobigungsschreiben der Regierung für außergewöhnlich gute, interkulturelle Arbeit. Scheiß drauf, wir alle hatten unseren Spaß.

Ein weiterer festiver Höhepunkt ergab sich aus reinem Zufall. Eine von unseren Sozialarbeiterinnen mit kurdischen Wurzeln machte uns darauf Aufmerksam, dass unter den neu angekommenen Gästen ein Name verzeichnet war, der zu einem sehr populären Sänger aus einem der Fluchtländer passte. Und tatsächlich, wir hatten den arabischen Peter Maffay, Heino und Florian Silbereisen in einer Person bei uns. Der Mann war bis vor kurzem überaus populär in der arabischen Welt, im Westen aber so unbekannt wie der Name des australischen Premierministers. Der Mann musste Hals über Kopf aus seiner Heimat fliehen, wie so viele andere auch. Eines Morgens kamen Panzerverbände jener abscheulichen Verbrecher, die meinten, Unrecht und Gewalt seien die angemessenen Mittel den Glauben an Allah, den gerechten und friedliebenden, zu verbreiten, vor sein Anwesen gefahren. Er und sein Lebensgefährte irrten ein paar Tage umher, während ringsum Mord und Totschlag regierten. Wenn Menschen noch eine Sache einander nicht verzeihen können, dann dass sie ihre Sexualität unterschiedlich ausleben, der Mann war homosexuell.

Wie auch immer, nun war er hier und erklärte sich zur Freude aller bereit, einen Liederabend zu gestalten. Schnell erklärten sich auch andere Bewohner bereit, Tänze und Lieder gemeinsam mit allen vorzutragen und so wurde es ein unvergesslicher, gemeinsamer Abend. Ich hatte diesmal zwar keine Verdauungsstörungen, aber von den Tänzen tierischen Muskelkater. Nachts im Bett weckte mich meine Frau, weil ich "Walla lo rooh el Halep" im Schlaf gemurmelt haben soll. Ich sagte nur „aimra'at samita“ und schlief weiter. Ich kann kein arabisch.

Stereotypen

Okay, ich sag' wie es war. Wir hatten eine größere Gruppe junger Männer aus Marokko aufgenommen und die haben geklaut wie die Raben.

Sollte dieser Bericht dazu geeignet sein, Stereotype oder Vorurteile zu pflegen, empfehle ich dringend in ein neues Hirn zu investieren. Auch allen denjenigen, für die solche Berichte Wasser auf ihre braunen Mühlen sind, wäre eine Kur mit Antiarschlochin(R) zu empfehlen.

Zufällig war an jenem denkwürdigen Tag der Sanitätsbereich nur mit Zweien, zwar sehr netten, aber nicht mit den notwendigen Qualifikationen ausgestatteten Mitarbeiterinnen besetzt. Da Patrik und ich uns normalerweise Früh- und Spätdienste teilten, verbrachten wir nur mittags ein paar Stunden gemeinsamen Dienst. Aber auf Grund der schlechten Besetzung des Sanbereiches war ich kurzerhand dort eingesprungen, so waren wir beide morgens anwesend. Es war nicht viel los und ich hatte den Plan gefasst, eventuell ein wenig Augenpflege auf Pauls Dienstcouch zu machen. Schließlich hatte ich ja den normalen Spätdienst bis 22:00 Uhr zu besetzen und außerdem war ich langsam in dem Alter, in dem „Happy Hour“ ein kleines Schläfchen bedeutete.

Dieser Plan wurde durch den Funkspruch „Sanbereich für Einrichtungsleitung“ durchkreuzt. „Hört“, murmelte ich ein wenig benommen in das Funkgerät. „Vorbereiten für Neuaufnahme 30 männliche Alleinreisende.“ „Verstanden.“ „Sozialarbeit hat mitgehört“, gab der zuständige Sozialarbeiter, in dem Falle Konstantin, der kampferprobte Veteran aus der Lexington Kaserne, durch. Die Zimmerzuteilung war Aufgabe der Sozialarbeit. Dieser kam dann auch ein paar Minuten später in meinen Raum, während ich noch versuchte, nicht auszusehen wie jemand, der grade einem Windkanal entstiegen war. „Ist denn ein Bus von der Regierung angekündigt worden?“, wollte Konstantin wissen. „Nein, aber 30 Männer, allein reisend (das bedeutete in unserem Jargon ohne zuvor behördlich oder sonst wo erfasst worden zu sein), ist ungewöhnlich“, seufzte ich und zog mir ein Paar Untersuchungshandschuhe an, während Konstantin und der inzwischen hinzugekommene Sicherheitsdienst-Mitarbeiter das gleiche taten. Außerdem schmierten wir uns alle ein wenig Mentholbalsam unter die Nasenlöcher. Es klopfte und der erste Mann wurde hereingeführt. Konstantin machte seinen Laptop an, um die Aufnahmedaten zu erfassen und der Sicherheitsmann wartete, um gegebenenfalls das Gepäck nach gefährlichen und verbotenen Gegenständen zu durchsuchen, beziehungsweise sich vom Eigentümer zeigen zu lassen. Aktive Durchsuchungen fanden nur bei Gefahr im Verzug statt.

Der junge Mann war spindeldürr, hatte schlechte Zähne und war ärmlich gekleidet. Er hatte kein Gepäck bei sich. Medizinisch schien erst mal nichts auf eine akute Infektion oder ansteckende Erkrankung hinzudeuten. Ich gab Konstantin ein Zeichen und dieser fragte nach dem Namen und der Herkunft. Der Mann schüttelte den Kopf und zeigte sein lückenhaftes Lächeln. Der Sicherheitsmann, der einen Migrationshintergrund hatte, versuchte es auf Arabisch und auch meine Sprachkenntnisse brachten uns nicht weiter. „OK“, sagte Konstantin, „vielleicht kann uns der nächste weiterhelfen.“ Es war das gleiche Spiel, auch die nächsten 4 jungen Männer schienen keine der immerhin neun Sprachen, die wir ihm anbieten konnten zu sprechen und alle hatten weder Papiere noch Gepäck dabei.

„Die sind doch nicht alle vom Himmel direkt vor unser Tor gefallen", schimpfte Konstantin. Wir gingen in den Saal, wo die restliche Gruppe wartete. Wir versuchten es erneut, aber alle diese Männer, alle unter dreißig Jahren und von südländischem Aussehen, hatten keine Papiere, kein Gepäck und waren entweder alle Angehörige eines Mönchsordens mit strengem Schweigegelübde oder wir wurden grade verarscht. Ich glaubte letzteres und sagte ohne ihn anzusehen zu einem neben mir stehenden jungen Mann in abgewetzten Trainingsklamotten: „Ils ont juste déposé de l'argent de leurs poches." (Ihnen ist da grade Geld aus der Tasche gefallen.) Der Mann drehte sich um und suchte den Boden ab. Bingo!

„Venez-vous du maghreb, du maroc ou de l'algérie?" (Kommen sie aus Nordafrika, Marokko oder Algerien?), herrschte ich ihn nun verärgert an. Der Mann sah mich mit großen Augen an „Maroc", antwortete er kleinlaut. „Na geht doch", sagte ich und wir konnten die Gruppe befragen und aufnehmen.

Nachdem Konstantin alle auf zwei, jeweils 15 Personen fassende, Schlafsäle verteilt hatte, weil uns alle das Verhalten der Männer bei der Aufnahme misstrauisch gemacht hatte, trafen wir uns bei Patrik im Büro zu einer Lagebesprechung. „Wir müssen diese Leute aufnehmen, aber mit denen stimmt was nicht." Konstantin sagte, was alle anderen auch meinten. Wir hatten den Leiter des Sicherheitsdienstes zur Besprechung mit hinzugezogen. Dieser, ein ruhiger und erfahrener Mann, brachte noch mal die Rechtslage in Erinnerung. „Wir dürfen außer in Notlagen keine Leibesvisitationen oder Zimmerkontrollen durchführen. Auch eine spezielle Beobachtung ist weder erlaubt noch sinnvoll, bei 30 Leuten. Bei Verstößen gegen die Hausordnung können wir die Regierung nur bitten, den Betreffenden eine andere Unterkunft zuzuweisen oder bei

Straftaten die Landespolizei rufen." „Somit sind uns vorerst die Hände gebunden, aber ich werde der Regierung vorsichtshalber in einer Mail von diesen merkwürdigen Gestalten berichten", beendete Patrik unsere Überlegungen.

Es dauerte keine 6 Stunden, und der Rummel ging los. Eine Familie vermisste ihre Papiere, die sie im Zimmer aufbewahrt hatte. Vor einer sprachkundigen Mitarbeiterin jammerte eine Frau auf Kurdisch, dass sie nur kurz aus dem Raum war und Geld, Papiere und ein Handy, welches dort gelegen hatten, seien verschwunden. Bis zum späten Abend hatten wir 18 weitere Fälle von abhanden gekommenen Wertgegenständen. Unter den Bewohnern machte sich große Unruhe breit, natürlich verdächtigte man die Neuankömmlinge, die aber augenscheinlich ihre Zimmer bisher nicht verlassen hatten. Der Sicherheitschef schlug daraufhin verstärkte Streifgänge mit Doppelstreifen durch die Hausflure vor und ich stimmte zu. Wir baten die Bewohner, da der Tag sich zu Ende neigte, möglichst ihre Zimmer nicht unbewacht zu lassen und Sozialarbeiter und Betreuer unterstützten die Streifengänge ebenfalls.

Gleich am nächsten Morgen rief mich Patrik an und berichtete von fast 50 Anzeigen wegen abhanden gekommener Gegenstände. Ich war mir mit ihm einig, die Polizei einzuschalten, wollte das aber lieber persönlich machen. Also fuhr ich zum Polizeipräsidium und nachdem ich mein Anliegen vorgetragen hatte, wurde ich erstaunlicher Weise direkt von einem älteren Beamten in Zivil an der Pförtnerloge abgeholt. „Wagner mein Name, Sie sind der Mann aus der Princeton-Kaserne?", er reichte mir die Hand. „Lamboy, angenehm, ich hoffe, Sie können mir weiterhelfen, Herr Wagner." „Ich hoffe Sie können mir weiterhelfen", gab er zurück. Er führte mich in ein Büro, das exakt so aussah, wie sich der durchschnittliche

Tatort-Zuschauer ein Polizeibüro vorstellte. An einem der beiden Schreibtische saß ein Mann mit dem Adlerprofil und der gebräunten Hautfarbe eines Bilderbuch Nordafrikaners. „Hauptkommissar Saleh, Ermittlungsgruppe Voleur (frz. für Dieb), Sie haben da ein Problem, das uns helfen könnte, unser Problem zu lösen“, meinte er geheimnisvoll. „Ich verstehe nicht ganz“, erwiderte ich. „Bitte nehmen Sie Platz“, Wagner deutete auf einen freien Stuhl, „Wir ermitteln in Sachen von bandenmäßigen Diebstählen und Drogendelikten im Bahnhofsviertel. Die Geschädigten und unsere Streifen berichten von Männern, die arabisch und französisch sprechen und dringend verdächtigt werden, mit diesen Straftaten im Zusammenhang zu stehen. Wir hatten bereits eine Razzia geplant, aber seit 2 Tagen sind alle verdächtigen wie vom Erdboden verschwunden.“ Ich berichtete von den Ereignissen. Anschließend konnte ich anhand von Fotos wenigstens zwei, der von mir gestern Untersuchten identifizieren. „Gut, das reicht uns, wir bitten Sie noch einen Moment zu bleiben und gegebenenfalls unsere polizeilichen Maßnahmen zu unterstützen.“ Ich wartete auf dem Gang und die beiden verschwanden für eine Stunde. Inzwischen hatte sich Patrik gemeldet und sagte, die Situation würde sich zuspitzen und die Bewohner energisch Maßnahmen verlangen. Von den Marokkanern habe aber keiner seinen Raum verlassen. Ich erzählte ihm von meiner Lage und da kamen auch schon Wagner und Saleh den Gang mit langen Schritten entlang. „Ok, Herr Lamboy, wir werden jetzt eine größer angelegte Aktion nach Absprache mit der Regierung und unserer Behörde unternehmen. Es wäre nett, wenn Sie uns begleiten und uns bei der Einweisung der eingesetzten Kräfte behilflich wären.“ Wir gingen zu einem zivilen Polizeiwagen und mit aufgestecktem Blaulicht fuhren wir zur Kaserne. Vor dem Tor standen bereits zwei

Mannschaftstransportwagen und ein blau-silbern lackierter Bus mit schmalen, an Schießscharten erinnernden Fenstern. Außerdem mehrere Streifenwagen. Das Ganze war so unauffällig und diskret wie die Jahresvollversammlung des KU-Kux-Clan. Die Wache war sichtlich erleichtert, als sie mich in Begleitung der Polizei sah und gemeinsam mit dem Einsatzleiter klärten wir kurz die Lage der Zimmer mit den jungen Männern sowie die Zuwege und Fluchtwege. Anschließend lösten wir Sicherheitsalarm aus und baten alle Bewohner entweder ihr Zimmer nicht zu verlassen oder die Kantine aufzusuchen, wenn sie im Freien waren. Dann begann die Razzia. Es gab einen Haufen Festnahmen.

Die Geschichte löste sich schnell auf. Die der kriminellen Handlungen Verdächtigen waren bereits eine Weile völlig legal in Deutschland, um ihren illegalen Aktivitäten nachzugehen. Als sich die Schlinge um ihren Hals zu zuziehen begann, hatten sie sich als Flüchtlinge getarnt und auf Geheiß ihrer Bosse bei uns eingeschlichen. Soweit zur organisierten Kriminalität, nun zu einem der traurigen Höhepunkte des mehr unorganisierten Verbrechens. Nachdem den Männern klar war, wie leicht es in den Menschenmassen und den nicht verschließbaren Räumen war zu klauen, hatten sie sich einfach eine improvisierte Leiter aus Bettgestellen gebastelt, waren im ersten Stock zum Fenster raus und dann über die Feuertreppen in die einzelnen Flure. Außerdem hatten sie sich immer mit ein paar Kleidungsstücken getarnt und waren wieselflink. Entgegen der Weisung ihrer Bosse hatten sie einfach weiter geklaut, wohl aus Gewohnheit und Langeweile.

Mit genug krimineller Energie kann man jede Situation ausnutzen. In eine andere Unterkunft hatte sich sogar ein Bundeswehroffizier eingeschlichen, um rechtsterroristische Straftaten vorzubereiten. Also für die Idee eine Krisensituation auszunutzen muss man nicht aus Nordafrika kommen. Aber einen Zusammenhang mit der Flüchtlingskrise und gestiegenen Kriminalitätsziffern herzustellen ist nach offiziellen statistischen Angaben Bullshit. Nur hasserfüllte alte Männer behaupten das Gegenteil, um Politik zu machen.

Patrik hatte sich auf eine andere Stelle in der Flüchtlingshilfe beworben und war nun nicht mehr in der Einrichtungsleitung tätig. Auch Konstantin wechselte zur Regierung und übernahm dort Aufgaben in der Flüchtlingsarbeit. Mit beiden sollte ich glücklicherweise noch mal dienstlich zu tun bekommen. Aber erst einmal war ich alleine in der Leitung tätig, und brauchte wenigstens eine Stellvertretung. Ich schlug eine sehr engagierte Betreuerin vor, die selber Wurzeln im arabischen Raum hatte und aufgrund ihres selbstbewussten und engagierten Wesens sowie ihrer Lebenserfahrung jederzeit auch die Leitung hätte übernehmen können.

Aber für Meier zum Hofe und Knüllenbrink war sie mit dem falschen Chromosomensatz bestückt und hatte keine Knackwurstwurzeln. In ihrem gemeinsamen Weltbild waren das Ausschlusskriterien, die Martiner-Welt war in den oberen Kreisen eine männliche, gerne auch mit Ariernachweis. Aber natürlich wurden und werden ständig verlogene Statements anderer Art abgegeben. Keine einzige Führungsposition war weiblich besetzt, von der ambulanten Pflege, wo es schlicht keine Männer gab, einmal abgesehen. (Und die voll und ganz in deren Klischee von sogenannten Frauenberufen passte.) Abgesehen davon wurde außerhalb der Flüchtlingshilfe auch niemand mit Migrationshintergrund beschäftigt. Die einzigen Mitarbeiter mit nicht deutschen Wurzeln in der Chefetage waren die Putz- und Reinigungskräfte.

Jedenfalls wurde mein Vorschlag ignoriert und stattdessen ein bislang nicht sonderlich in Erscheinung getretener

Betreuer namens Georg, natürlich mit deutschen Wurzeln, zu meinem Stellvertreter ernannt.

Nicht, dass der Mann dumm oder unsympathisch gewesen wäre, aber mit der gestellten Aufgabe war er (wie es jeder andere auch gewesen wäre) schlicht überfordert.

Er sollte sich nämlich hauptsächlich um die Dienstpläne kümmern. Genauer gesagt, um den tatsächlichen Dienstplan, nicht den, welcher der Treuhändervertretung der Mitarbeiter (TVM) und der Regierung vorgelegt wurden.

Die offizielle Regelung war, dass Dienstpläne der TVM zwei Monate vorher vorgelegt werden mussten, um zu überprüfen, ob die gesetzlichen Regelungen zur Arbeitszeit eingehalten wurden. Dafür wurde ein scheinbar konformer, aber frei erfundener Dienstplan von Knüllenbrink vorgelegt. Wie schon Pestalozzi sagte: „In den Abgründen des Unrechts findest du immer die größte Sorgfalt für den Schein des Rechts."

Die Regierung bezahlte die Martiner dafür, dass die von ihr vorgegeben Anzahl von Mitarbeitern pro Schicht eingehalten wurde. Dazu gab es einen zweiten, ebenfalls fiktiven Dienstplan. Darüber hinaus wurden, wie im Fall des Sanitätsbereich, Mitarbeiter, die auf dem Dienstplan standen, einfach anderweitig eingesetzt und brachten so doppelten Gewinn. Immer, wenn ich das kritisierte, sprach Meier zum Hofe davon, man sei zu „kreativer Ressourcennutzung" als Vorgesetzter verpflichtet, was für mich ein anderes Wort für Betrug war. (Den ich der TVM ohne je eine Antwort oder Reaktion zu erhalten anzeigte.)

Nun gab es aber auch den Dienstplan, der die tatsächliche Arbeitsrealität abbildete und der alle paar Tage neu geschrieben wurde. Und den sollte nun Georg übernehmen.

Er tat es und die Mitarbeiter nahmen es hin. Und wenn sich, was selten passierte, mal jemand beispielsweise bei der TVM beschwerte, zum Beispiel weil zu viele Nacht- oder Wochenenddienste geleistet wurden, zog man dort den „offiziellen" Dienstplan aus der Tasche. Wenn es ganz Dicke kam, häuften sich dann nach dem Motto „Gelb ist die Hoffnung" die Krankmeldungen. Nach nur drei Monaten schmiss Georg entnervt das Handtuch, nachdem ihn Knüllenbrink über den ganzen Kasernenhof angeschrien hatte, weil der Sanbereich nicht besetzt war und ein RTW der Feuerwehr in einem Notfall gerufen werden musste. Das warf Fragen auf, denn In den offiziellen Dienstplänen war ja alles bombig besetzt, während das Personal in Wirklichkeit Krankentransporte für die Martiner fuhr. Natürlich wurde Georg als Schuldiger benannt und um sein Gesicht zu wahren bekam Knüllenbrink schon auf dem Hof einen Schreikrampf, den alle Mitarbeiter und Bewohner anhören mussten. Anschließenden Beschwerden bei der TVM wurde mit der Begründung nicht weiter nachgegangen, dass es ja nicht regelmäßig zu solchen Auftritten käme und es deswegen kein Mobbing sei. Bei den Martinern wurde gerne und viel geschrien.

Pläne wurden auch auf höchster Ebene geschmiedet, und weil es niemand verhindern konnte, war ich auf einer Sitzung anwesend, an der die Regierungsvertreter, Geschäftsführer, Abteilungsleiter und Einrichtungsleiter eingeladen waren. Normalerweise wurde ich auf Sitzungen entweder gar nicht erst eingeladen, oder ging einfach nicht hin, offenbar war das meinen Vorgesetzten sehr recht. Meistens gingen viele zu den Sitzungen hin, und wenig kam heraus.

„Die Zahl der neu ankommenden Flüchtlinge nimmt dank verschiedener Bemühungen in den letzten Monaten stark ab", stellte die Regierungsvertreterin fest. Das war absolut zutreffend. Die Bemühungen der ungarischen Faschisten, ihr Land mit Zäunen in ein gigantisches Freigehege zu verwandeln, welches der Abschaum der Menschheit regieren durfte, die Abkommen mit der Türkei, wo sich ein anderer Diktator bemühte, den Wegen Hitlers zu folgen oder die praktische Tatsache, dass das Mittelmeer eben kein Bewässerungsgraben ist, den man mal eben überspringt, sondern ein todbringendes launisches Gewässer, machten die Hoffnung vieler Menschen zunichte, Schutz und Hilfe in Europa zu finden. Stattdessen stiegen aber die Waffenexporte Deutschlands 2015 und 2016 auf mehr als das doppelte der Vorjahre. Ja, man bemühte sich wirklich.

Ich war mit meinen Gedanken abgeschweift und bekam daher die Ausführungen der Regierung nicht ganz mit. Als ich wieder da war, sprach Bulgendorf von den Leviten. "...haben wir bei der Planung eine Zusammenlegung der Einrichtungen, aber zugleich eine räumliche Trennung an zwei verschiedenen Standorten geplant. In der Lexington Kaserne verbleibt die amtliche Registrierungsstelle sowie die dort bereits arbeitenden Verbände der Leviten und Rodosier und nach Abwicklung der Albert-Schweizer-Schule geht die Einheit der goldenen Sonne in die Princeton Kaserne und besetzt Haus 33 als Sammelunterkunft. Die Gesamtleitung dort verbleibt bei den Martinern." Die anderen nickten beifällig, sogar der Geschäftsführer der Rhodosier wurde für kurze Zeit sichtbar, um danach wieder wie ein Chamäleon mit dem Hintergrund zu verschmelzen. „Dazu darf ich stolz vermelden", stand Knüllenbrink, der neuerdings stets edle Zivilanzüge trug, auf, „Haus 33 ist voll betriebsbereit." Alle, die nicht wussten, dass es sich um eine Lüge handelte, klopften anerkennend auf den Tisch.

Meier zum Hofe meldete sich. „In Absprache mit der Regierung werden die Martiner ihre Erfahrungen, insbesondere im Bereich besonders vulnerabel Flüchtlingsgruppen, wie allein reisende Minderjährige, schwer Erkrankte und allein reisende Schwangere einbringen, um diese schwerpunktmäßig in der Princeton Kaserne zu betreuen. Dazu habe ich Herrn Patrik Sommer als Sonderbeauftragten zur Planung und Durchführung ernannt." Patrik stand auf und selbst ich klopfte auf den Tisch. Eine schwere Aufgabe, ich musste gleich an die tolle Fürsorge denken, die Knüllenbrink und Meier zum Hofe den Minderjährigen bei uns in der Vergangenheit hatten zuteilwerden lassen. Zum Beispiel das Rigips Labyrinths, an dessen Ende ich ein Schild an die einzige Fluchttür geschrieben hatte: „Hier werden sich im Brandfall die Leichen stapeln." Aber erst, nachdem die Jugendlichen von uns diskret woanders untergebracht worden waren. Was Knüllenbrink, da er niemals mehr einen Blick in die von ihm geschaffenen Slums tat, niemals auffiel.

All dies bedeutete eine teilweise Neuausrichtung unserer Arbeit und verschaffte den beteiligten Organisationen neue, noch lukrativere Einnahmequellen.

Schrumpfungsprozesse

Die Idee, Haus 33 durch die goldene Sonne in Betrieb zu nehmen, war ein klassisches Drama in fünf Akten.

1. Akt Exposition

Die Albert Schweizer Schule hatte als Unterkunft ausgedient. Es gab endlich genug angemessenen Raum, die geflüchteten Menschen besser unterzubringen und der Zuzug ließ deutlich nach. Die Kolleginnen und Kollegen der Goldenen Sonne hatten einen guten Job, und mit den vorhandenen Mitteln das Beste gemacht. Aber dennoch blieben Klassenräume nun mal Klassenräume und die restliche Infrastruktur desaströs. Daher war es nur logisch, die Schule als Flüchtlingsunterkunft aufzugeben. Zumal das Grundstück Begehrlichkeiten bei Kommunalpolitikern und Baulöwen (oft ein- und dieselben Personen) weckte. Obwohl das vorhandene Personal tüchtig und kompetent arbeitete, wollte Bulgemeier die Goldene Sonne nicht in allzu großer Nähe von sich haben, weil die Geschäftsführerin von der goldenen Sonne, sich zwar in der Öffentlichkeit stets miesepetrig gab, aber eine kompetente und vor allem auch kritische Frau war, die den Aktivitäten der Leviten mit nicht unberechtigtem Misstrauen folgte. Das berichteten mir jedenfalls meine Spione. (Auch wenn ich nicht an Sitzungen teilnahm, beziehungsweise teilnehmen durfte, erfuhr ich doch jedes Wort, was da gesprochen wurde.) Also war es aus Bulgemeiers Sicht besser, den ganzen Verein in die Princeton Kaserne zu verfrachten. Natürlich wusste er, im Gegensatz zu unserem bornierten Geschäftsführer genau, dass Haus 33 nicht ansatzweise betriebsbereit war. Und ich wette, er lachte sich abends in den Schlaf, weil ihm absolut klar war, welches Drama sich abspielen sollte.

2. Akt Komplikation

Wenn man die bisherige Besatzung der Princeton betrachtet, so war klar, dass wir überbesetzt waren, weil ja Haus 33 ursprünglich mit zu betreuen gewesen wäre. Aber da niemand wusste, wie es weiterging hatten wir alles in allem knapp 120 Menschen in der Kaserne beschäftigt. Nun kam die Besatzung der Albert-Schweizer hinzu und es war klar, es müssten Mitarbeiter auf beiden Seiten entlassen werden. Bei der goldenen Sonne wurde ein Sozialplan aufgestellt, Mitarbeiter wurden in andere Bereiche übernommen oder in Einvernehmen entlassen, weil sie am Arbeitsmarkt gute Aussichten hatten. Das war erstaunlich sozial, selbst für eine soziale Organisation.

Bei den Martiner wurde einfach Knüllenbrink von der Kette gelassen. Meier zum Hofe war was das betrifft, immer ein Chef, der alle seine Mitarbeiter gleich schätzte, sofern diese eine gewisse Gehaltsklasse hatten und keine Rückenprobleme. Denn sonst konnte man schlecht Radfahren, nach oben Buckeln und nach unten treten. Menschen unterhalb einer gewissen Gehaltsklasse oder sozialen Schicht nahm er eben so wenig wahr, wie ein Eisberg die Titanic.

Abgesehen von allen sonst in der Sache verbreiteten Lügen war Haus 33 nicht annähernd bezugsfertig, ja sogar in schlechterem Zustand als vor einem Jahr. Die Liste war lang. Da war zum Beispiel die Brandmeldeanlage, die ständig zum nicht enden wollendem Kummer der Wartungstechniker Fehlermeldungen von sich gab.

Die Treppenhäuser waren dafür gebaut, deutschen Soldaten den Weg zu ihren Untaten in der Weltgeschichte ein möglichst schnelles Vorankommen zu ermöglichen. Sie waren breit, die Geländer waren niedrig, die Treppen flach und ausgetreten. Allen gängigen baulichen Sicherheitsnormen sprachen sie Hohn.

Das Haus war wie beschrieben ein Kaninchenbau mit Gängen, die im Nichts endeten. Räumen deren Benutzung durch Wasserschäden, Ungezieferbefall oder absurde Größe (Man denke nur an Knüllenbrinks angedachtes Büro). Überall mangelnde Fluchtmöglichkeiten die im Brand- oder Evakuierungsfall den ganzen Bau zu einer Todesfalle hätten werden lassen. Außerdem spukte es.

Dennoch zog die goldene Sonne mit Sack und Pack dort ein. LKW-Ladungen von allem, was sie in knapp eineinhalb Jahren in der Schule gesammelt hatten, und - Gott, was konnten diese Leute sammeln. Kleidung, Spielzeug, Betten, Tische und Bänke, Waschmaschinen, Fernseher, Trockner, die Ausstattung einer ganzen Kita, Handtücher (sic!) bergeweise Sanitätsmaterial, Hygienemittel, obskure Gegenstände aller Art, um die wir vorsichtshalber einen Bogen machten, und, und, und. Es war, als hätte man die Jahressitzung der Gruppe, „Messies Anonymus", genutzt, um deren ganze Habe heimlich abzutransportieren.

Alles wurde in Haus 33 geschafft oder in Panzerhallen verlastet und man richtete sich ein. Die Einheit war zwar offiziell mir unterstellt, aber wir behandelten einander als gleichermaßen vom Schicksal behandelte und ignorierten solcherlei Gedöns.

3. Akt Peripetie

Es mussten ungefähr 20 Sozialarbeiter und Betreuungskräfte entlassen werden, was Martiner Angaben nach auf

Grund der Befristung der Arbeitsverträge ohne weiteres möglich war. Da die Befristungen aber einer genaueren juristischen Überprüfung nicht standhielten, gab es für die Auswahl der zu entlassenden zwei Kriterien: 1. Wer wird uns wahrscheinlich nicht verklagen? 2. Wer hat sich jemals über Knüllenbrink lustig gemacht?

Die Antwort auf Frage 2 war einfach: Alle. Sein aufgeblasenes Getue, seine Brüllen und Kläffen und seine Eitelkeit bewirkten, dass so gut wie jeder, der ihn kannte, hinter seinen Rücken über ihn lachen musste. Leider hatte er jemanden, der ihm jede Bemerkung über ihn hinterbrachte, eine Ratte im Knastjargon genannt. Der Ablauf war also so, Knüllenbrink kam ohne Voranmeldung in die Kaserne, pickte sich dann, einen von den Mitarbeitern oder maximal zwei raus und teilte ihnen mit breitem Grinsen in Einzelgesprächen ihre Entlassung mit. Dieses genoss er so sehr, dass er nie mehr als zwei Leute pro Tag feuerte, um möglichst lange Spaß zu haben. Manchmal bestellte er auch Leute, die ihn geärgert hatten, die aber nicht entlassen wurden, zu einem Einzelgespräch, um ihre Angst zu genießen, ihnen jedoch nach einer halben Stunde ihre Weiterbeschäftigung mitzuteilen. Aber da das nicht systematisch und bei allen geschah, wusste niemand, was ihn erwartete. Ich konnte nur ohnmächtig zugucken und erfuhr immer erst hinterher, was bei den Gesprächen rausgekommen war. Man kann sich aber vorstellen, was solch ein monströser Machtmissbrauch mit den Leuten machte. Es war Terror. Die TVM-Vertreter saßen manchmal auf ihren Handys daddelnd daneben, sagten aber kein Wort. So wurden alleinerziehende Mütter, Familienväter, Menschen ohne Knackwurstgesinnung und alle, bei denen es ihm Freude bereitete willkürlich entlassen. Als wir einmal im Sozialraum zusammensaßen und uns über die Zukunft unterhielten, stand Knüllenbrink auf einmal im Türrahmen und bemerkte süffisant: „Ich störe ja nur ungern das lauschige Zusammensein, aber wer wenigstens ein Arbeitszeugnis haben möchte, das kein Armutszeugnis wird, sollte die Schnauze halten." Dann flötete er fröhlich: „Tschühüß", und verschwand. Niemand hatte je Knüllenbrink so glücklich erlebt, wie in diesen Tagen. Meine schriftliche Beschwerde über all dies an die TVM und an Meier zum Hofe wurde nie beantwortet. Gib jemanden Macht und du erkennst seinen Charakter.

4. Akt Retardation

Da saßen sie also, die Kollegen von der „golden Sonne", in ihrem vor sich hin verfallendem Bau und harrten der Dinge, die da kamen. Aber die Dinge kamen nicht, was teils daran lag, dass niemand in dem Gebäude hätte beherbergt werden dürfen, aber auch daran, dass insgesamt weniger Menschen es schafften, Deutschland zu erreichen. Die gefrusteten Mitarbeiter vertrieben sich die Zeit also mit dem Herrichten von Zimmern, in denen nie jemand wohnen würde, Brandschutzübungen, obwohl die Brandmeldeanlage sowieso auf Daueralarm war oder Warn- und Hinweisschilder anbringen, die niemand je las. Es wurden mehrere großformatige Puzzles gelöst und ansonsten war allen klar, dass die Situation sich nicht mehr ändern würde. Kein einziger Flüchtling hatte je das Haus 33 betreten. Natürlich ließ sich auch niemand von der Führungsebene mehr blicken, um die Situation zu klären. Vier quälende Monate lang meldete der Leiter der Einheit jeden Morgen Dienstbereitschaft, ich trug das in eine Liste ein und nachmittags wurde wieder abgemeldet. Selbst die Puzzlespiele begannen auszugehen und so saßen dann die meisten rum und lasen oder machten Handarbeiten, denn es war von unserem

Geschäftsführer die Weisung ausgegeben worden, dass keinesfalls die Kollegen der goldenen Sonne unsere Arbeit direkt unterstützen dürften, schließlich hatten die einen eigenen Unterabschnitt. Manchmal kann man eben nichts machen, außer weiter.

5. Akt Lyse

Nach etwas mehr als vier Monaten wurde die Flüchtlingsbetreuungseinheit der goldenen Sonne sang- und klanglos aufgelöst. Sie kamen einfach eines Morgens nicht mehr, der Beschluss war ihnen per Mail zugesandt worden. Sie blieben einfach ihre restliche Vertragslaufzeit zu Hause. Bulgendorf soll vor lauter Lachen Sauerstoff gebraucht haben, als er die Nachricht bekam.

Wir aber schlossen Haus 33 mit allem was darin war ab und außer der regelmäßigen Patrouillen des Sicherheitsdienstes machten es sich die Ratten dort wieder gemütlich. Und natürlich die Geister. Ich habe keine Ahnung, wie teuer dieses ganze Desaster war, aber es wurde durch Inkompetenz, Selbstherrlichkeit, Lügen und Intrigen jede Menge Steuermittel in den Schornstein geblasen. Es war sicher kein Einzelfall, das so was geschah. Also an alle Dumpfbacken, Stammtischpolitiker, heimliche und offene Faschisten, geistige Brandstifter und sonstigen Abschaum die klare Botschaft: Wenn mal ihr mal wieder davon schwafelt, dass in Deutschland zu wenig Geld für Bildung Infrastruktur und soziale Belange zur Verfügung steht: Die Flüchtlinge haben dieses Geld nicht bekommen!

Epilog

Natürlich mussten nach Abzug der Goldenen Sonne wieder neue Mitarbeiter von den Martinern eingestellt werden. Von denen, die entlassen worden waren, darunter auch Georg, und sich neu beworben hatten, wurde niemand genommen. Die schweigenden TVM-Vertreter machten alle nach der Flüchtlingskrise steile Karrieren bei den Martinern. Manchmal ist Schweigen eben Gold.

Schutzräume

Auf unserem Gelände gab es einige einzelne Häuser, die zur Unterbringung von Familien gedacht waren. Es waren typische Reihenhäuser aus den 30ern, wie man sie überall in Deutschland findet. Dort wohnten einstmals Soldaten, deren Dienstpflichten einen ständigen Aufenthalt in der Nähe ihres Arbeitsplatzes unumgänglich machten. Die Häuser waren mit kleinen Vorgärten, einer Terrasse und einem großzügigen Garten, in dem Obstbäume und Sträucher standen, versehen. Niemand hätte sich gewundert, wenn dort eine Frau mit Kittelschürze und 50er Jahre Frisur vor die Tür getreten wäre, um die Kinder zum Essen rein zurufen.

Dort allein reisende Schwangere und sonst wie schutzbedürftige Frauen unterzubringen, war eine gute Idee. Es wurden für das Projekt extra zwei Sozialarbeiterinnen, die es betreuen sollten, eingestellt, das war keine so gute Idee. Zumindest nicht, wenn man die beiden zusammen betrachtete. Wenn es die Absicht von Patrik gewesen war, der für das Projekt verantwortlich zeichnete, ein Komiker Duo zusammen zu stellen, hätte er die Wahl nicht besser treffen können. Denn solche Duos leben ja bekanntlich von gegensätzlichen Charakteren.

Isabella war eine kleine blasse zierliche Frau. Sie trug eine Bubikopf Frisur und war stets ungeschminkt. Man hätte sie glatt für 13, 14 halten können, aber sie näherte sich mit vorsichtigen Schritten der 30. Wenn sie sprach, hüstelte sie eher ein paar leise Worte schnell hervor, eine Eigenheit, die sie bald ablegte, aber unter Stress immer wieder hervorkam. Sie war eine bescheidene zurückhaltende Kollegin und hatte vor allem im

Erarbeiten von schriftlichen Konzepten ihre Stärke. Davon produzierte sie täglich pfundweise.

Mechthild war Anfang 50, hatte die raue Stimme einer Kettenraucherin und eine Lache, die kleine Kinder verschreckt in den Schoß ihrer Mütter fliehen ließ und ihre Anwesenheit jedem im Umkreis (oder genauer gesagt in der ganzen Kaserne) kundtat. Sie war blond und kräftig gebaut und ihre Schminke wurde höchstwahrscheinlich morgens mit Hilfe einer Miniatur-Estrichpumpe aufgetragen. Ihre Stärke war nicht das Erarbeiten von Konzepten. Sie hatte keine.

Beiden wurde ein Büro mit zwei großen Schreibtischen und Standartmöblierung zugewiesen und nach einer Woche sah es auf Isabellas Schreibtisch aus, als habe sie den Auftrag erhalten, eine 26 - Bändige Enzyklopädie handschriftlich zu verfassen. Auf Mechthilds Schreibtisch stand ein leerer Aschenbecher und ein Plastikkaktus.

Die Renovierungsarbeiten in den vorgesehenen Frauenhäusern schritten zügig voran. Da ein großzügiges Budget der Regierung für die Ausstattung zur Verfügung stand, hätte es nahe gelegen, sich nunmehr an die Beschaffung der Innenausstattung zu machen. Zumal es noch keine Frauen, um welche die beiden sich hätten kümmern müssen, gab. Aber weit gefehlt, beide kamen zum Dienst, Isabella setzte sich an ihren Schreibtisch und produzierte beschriebenes Papier wie ein bekokster Mönch und Mechthild stand hinter dem Gebäude und rauchte, als hinge ihr Leben davon ab (obwohl das Gegenteil sicherlich zutreffender war).

Nach zwei Wochen ohne erkennbare Fortschritte rief ich Patrik an. „Deine beiden Grazien haben original nichts außer Asche und Altpapier produziert“, berichtete ich ihm. „Ich weiß, die Frist bis zur Einweihung des Frauenhauses rückt immer näher, ich habe schon versucht, den Damen Druck zu machen." „Und?" „Ich bekam von Isabel ein 40-seitiges Memo und von Mechthild einen Hustenanfall." „Mist, was nun?" „Wir schicken die beiden mit einem Laster in ein großes schwedisches Möbelhaus. Bis Übermorgen müssen die eine Einkaufsliste vorlegen. Kannst du jemanden abstellen, der den Laster fährt und als Aufpasser mitkommt?" „Das sollte gehen." Meine Schwiegertochter nahm den Auftrag gerne an.

Für die meisten Männer ist dieser Möbelladen eigentlich nur ein Hot- Dog-Stand, den man nur über ein Labyrinth erreichen kann, für die meisten Frauen eine Gelegenheit, beim Einkaufen von Teelichtern mal eben 299 Euro auszugeben.

Als die drei zurückkamen, war der Laster vollgestopft mit braunen Kartons und den Rest unserer Laufzeit tauchten immer wieder überraschende Funde in der Panzerhalle auf, wo wir alles lagerten und zusammenschraubten. „Schau mal, dieses Brett hier,.. der Tisch hatte also doch eine Platte."

Das Frauenhaus wurde rechtzeitig fertig und innen wie außen eine Einrichtung, die inmitten der tristen Kasernenmauern Geborgenheit und Wärme ausstrahlte. Innen standen für jede Frau ein eigenes Zimmer, eigene Duschen, eine gemeinsame Küche und ein großer, heller Aufenthaltsraum mit Terrasse zur Verfügung. Unser Sicherheitschef hatte ein wohldurchdachtes Konzept erarbeitet, mit Notrufanlagen, automatischen Scheinwerfern und einer Schließanlage. Männern war der Zutritt verboten. Gepflegte Außenanlagen rundeten das Bild ab und so mancher aus unserer Besatzung sah sein eigenes Traumhaus dort stehen.

Die nun eintreffenden Bewohnerinnen hatten aber auch eine solche Unterbringung mehr als nötig. Allein reisend schwanger, oft nach Vergewaltigungen, manche mussten den Tod ihrer eigenen Männer und Söhne mit ansehen, Frauen aus Schwarzafrika mit Folterspuren am Körper, es waren erschütternde Schicksale.

Wieder verbietet mir der Respekt, hier Einzelgeschichten zu erzählen, aber eine davon verdienen es genannt zu werden.

Am Tor meldeten sich ein Mitarbeiter der goldenen Sonne mit einer jungen Frau, arabischer Herkunft, und beide wurden in mein Büro geführt. Der Sicherheitsmitarbeiter, der beide begleitet hatte, trug eine Reisetasche einer italienischen Luxusmarke. Ich hatte hunderte von diesen gefälschten Taschen gesehen, aber diese hier war, wie sich herausstellte, echt. Die Frau trug ein, Hidschab genanntes, speziell geschneidertes, kapuzenartiges Kopftuch, welches auch ihre Mund- und Kinnpartie bedeckte. Der Mann sprach mit bayrischem Akzent und stellte sich als Sozialarbeiter einer Münchener Flüchtlingseinrichtung vor. Da meine Sprachkenntnisse leider nicht die Sprache Seehofers und der lila Kuh umfassen, gebe ich alles Bayrische in Standartdeutsch wieder. „Diese Dame, Frau Sultana, kam vor zwei Tagen mit leichtem Gepäck zu uns. Sie war direkt mit dem Taxi gekommen und wollte als Asylsuchende aufgenommen werden. Sie ist Saudiarabische Staatsbürgerin und ist aus einem Luxushotel in München zu uns geflüchtet, nachdem ihr Bruder und ihr Ehemann sie mit dem Tode bedroht haben." „Ist das nicht ein Fall für die Polizei?", wandte ich ein. Der Mann grunzte verächtlich. „Die war kurz nach ihrer Ankunft schon bei uns auf der Matte, denn der Bruder und Ehemann sind Saudische Geschäftsmänner und sehr Einflußreich. Die Polizei wollten Frau Sultana ins Hotel zurückbringen." „Ist die Dame volljährig?" „Laut ihren Papieren Neunzehn" „Dann kann man sie gegen ihren Willen nirgendwo hinbringen", äußerte ich bestimmt. „Wäre aber beinahe geschehen, wenn ich nicht zufällig eingegriffen hätte." „Und weiter.." „Sie sagt, man müsse damit rechnen, dass ihre Familie sie überwachen und entführen würde und sie hat Todesangst. Als ich von ihrer Einrichtung las, habe ich sie in mein Privatauto gepackt und bin von München nach hier gefahren." Ich versprach den beiden, ihnen zu helfen und bat sie in einem Besprechungsraum zu warten. Dann telefonierte ich mit der Regierung, direkt, ohne jemanden zu informieren. Ich hatte dort einen Notfallkontakt, der mir zuhörte und an entscheidender Stelle saß. Dies hatte ich noch nie genutzt, aber mein Kontakt versprach die Geschichte zu überprüfen und sich zu melden. Nach zwei Stunden meldete sich mein Kontakt und bestätigte, dass die Geschichte authentisch sei. In ganz Bayern wurde bereits, natürlich nicht offiziell, nach der Dame gesucht. Offenbar war da viel Geld und Macht im Spiel. Mein Kontakt versprach zu helfen und es dauerte nicht lange, da meldete die Wache zwei weibliche Polizeibeamtinnen. Diese kamen aus der Landeshauptstadt. Als sie mich aufsuchten, schwiegen sich beide Damen aus, von welcher Abteilung oder in wessen Auftrag sie kämen und ich fragte auch nicht. Sie untersuchten die Papiere von Frau Sultana und fragten mich, ob ich sicher sei, jemals diese Papiere, Saudische Ausweisdokumente, nicht aus Versehen verlegt zu haben. Ich verbrannte sie abends in meinem Garten. Dann sprachen wir mit Frau Sultana, dass sie im Frauenhaus als Schwangere Irakerin unterkäme, sie solle aber mit möglichst niemanden reden, wir erfanden eine posttraumatische Belastungsstörung und stellten sie dann im Frauenhaus vor. Frau Sultana wurde unter der erfundenen Identität in die Bewohnerliste aufgenommen, blieb eine Woche bei uns und reiste dann, von den beiden Polizistinnen begleitet nach Norddeutschland weiter. Tatsächlich bekam ich ungefähr drei Wochen nach ihrer Abreise ein Telefonat aus München, welches ich ebenfalls in Standartdeutsch wiedergebe. „Grüß Gott, hier Hauptkommissar Semmelknödel (oder so ähnlich), Polizeidirektion München drei." „Guten Tag, Lamboy hier." „Es geht um eine vermisste Person, Frau Sultana. Wir haben Hinweise, dass sie in einer Flüchtlingseinrichtung in Norddeutschland untergekommen ist. Ihre Familie ist in großer Sorge." „Herr Semmelknödel, erstens darf ich weder am Telefon noch sonst wie" (ich checkte parallel zum Telefonat meine Mails und entdeckte tatsächlich eine gleichlautende Suchanfrage der bayrischen Polizei.) Auskünfte über Bewohner geben, zweitens habe ich hier hunderte Menschen, deren Familien sich bestimmt auch Sorgen machen. Was soll also dieser Anruf? „Wir bitten sie aber nachdrücklich, die polizeiliche Arbeit zu unterstützen, es geht um eine hilflose junge Frau allein in einem fremden Land." „Herr Semmelknödel, selbst wenn ich ihnen helfen wollte, was nicht der Fall ist, so dürfte ich es gar nicht, weil in meinem Bundesland nun mal die Bayrische Polizei nichts zu sagen, melden oder gar zu suchen hat." Ich legte auf, aber informierte umgehend meinen Kontakt von diesem beunruhigendem Telefonat. Dieser beruhigte mich, die Identität der Dame sei geschützt, gute Genossinnen hätten sich des Falles angenommen.

Sicher war das ein extremer Fall, aber wir alle versuchten denen, die Schutz suchten das Gefühl zu geben, wenigstens für einen Moment in einer festen Burg zu wohnen.

Wachstumsschmerzen

Das Frauenhaus war nicht der einzige geschützte Raum. Die auf dem Exerzierplatz aufgestellten Wohncontainer wurden endlich einer sinnvollen Verwendung zugeführt. Ein Teil wurde zur Unterkunft für allein reisende Minderjährige, der andere Teil für Schwerkranke mit ihren Familien.

Die allein reisenden Jugendlichen hatten sicherlich schreckliche Dinge erlebt, alleine von zu Hause fort zu müssen. Deutsche Teenager würden sich niemals freiwillig weiter von zu Hause fortbewegen, als die Akkuladung ihres Smartphones reicht. Aber natürlich blieben auch diese Jungen Teenager. (Mädchen wurden in einer anderen Einrichtung untergebracht, bis auf Geschwister, die in wiederum zusammen eine besondere Einrichtung kamen.) Obwohl sich die dafür nunmehr eigens angestellten Sozialarbeiter redlich bemühten, gab es doch immer ein paar große und kleine Dramen. Da die Jungs der Kommune zugeteilt waren, unterlagen sie, im Gegensatz zu allen anderen geflüchteten Minderjährigen, der Schulpflicht. Wir versuchten, die skandalöse Tatsache, dass Kinder bis zu eineinhalb Jahre ohne formale Bildung in Deutschland lebten, mit eigenen bescheidenen Mitteln abzumildern. Unsere Betreuer wurden verpflichtet, im regelmäßigen Turnus Deutsch, Englisch und Mathe bis zum Stoff der achten Klasse zu unterrichten. Das kam zwar nicht bei allen gleich gut an, aber so bekamen die meisten Kinder wenigstens ein paar Stunden in der Woche etwas formale Bildung. Manche unserer Mitarbeiter entwickelten ungeahnte pädagogische Fähigkeiten und bereiteten ihren Stoff gut vor, anderen fiel auf, dass die eigene Schulbildung gelinde gesagt Lücken aufwies. Ich besuchte, wenn immer möglich kurz den Unterricht und ließ mir das Gelernte gerne vorführen. Ein kleiner Junge aus Syrien, ich schätze mal so 8-10 Jahre alt, malte an die Tafel mit farbiger Kreide ein Bild einer Frau, deren recht naturalistisch gezeichneten Brüste beinahe das Bild sprengten und so groß waren wie der Rest des Körpers. Darunter malte er einige Herzen und schrieb mit krakeligen Buchstaben den Namen der Betreuerin, die er am liebsten im Unterricht hatte. Ich bin nicht sicher, ob das absolut unschuldig gemeinte Kompliment ungeteilte Freude fand. Denn weil danach die Erwachsenen in Deutsch unterrichtet wurden und dieselbe Mitarbeiterin die Tafel aufklappte, gab es ein großes Gelächter.

Auch war da ein Mädchen, das schon etwas älter war und ihren jüngeren Geschwistern deutsch beibrachte, aber ihnen erzählte, dass „Arschloch" „Guten Tag" auf Deutsch bedeutete. Sie können sich die Aufregung der Kindergärtnerin vorstellen, als ein vierjähriges Mädchen sie freudestrahlend begrüßte...

Aber zurück zu den Jugendlichen. Alkohol war für die meisten aus kulturellen Gründen Tabu, auch wenn es da natürlich Ausnahmen gab. Aber beim Konsum von Cannabis war man durchaus entspannter. Obwohl durch die Erzieher regelmäßige Razzien durchgeführt wurden, roch es in der Nähe des Containerdorfes manchmal wie in einer Hippiekommune am Malakka Beach auf Kreta in den 70ern.

Einmal mussten wir die Polizei einschalten, weil ein sogenannter Onkel sich allzu intensiv um einen vierzehnjährigen kümmerte und ihn mehrmals illegaler Weise bei sich übernachten ließ. Der „Onkel" kam aus der Türkei und der „Neffe" aus Marokko. Ein anderes Mal mussten wir den sogenannten „Bruder" eines unserer Schützlinge abführen lassen, nachdem dieser nach Aussage der anderen versucht hatte, seinen

„Bruder", mit dem er noch nicht mal entfernt verwandt war, und andere Jungs zum Waffendienst für irgendwelche Unmenschen in Afghanistan zu überreden. Aber es blieb im Großen und Ganzen friedlich und die Jungs hatten bei uns eine gute Zeit.

Die Container, in denen Schwerkranke und ihre Angehörigen wohnten, welche in den umliegenden Krankenhäusern behandelt wurden, waren von uns so gut wie möglich auf die besonderen Bedürfnisse dieser Menschen hergerichtet worden. Rollstuhlrampen, Spiel- und Fernsehräume, Notrufeinrichtungen und ein eigens eingerichteter Mahlzeitenservice, sollten den Bewohnern den unter den gegebenen Umständen bestmöglichen Service bieten. Pflegedienste von auswärts übernahmen die ambulante Versorgung, wenn Menschen auf Sauerstoffgeräte oder ständige Infusionen angewiesen waren. Die psychosoziale Betreuung versuchten wir über die Anbindung von Menschen oder Organisationen des entsprechenden Kulturkreises zu organisieren. In der Regel fanden wir schnell Menschen, die sich um die Familien und die Bedürfnisse der Kranken mit kümmerten. Leider mussten wir bei den schwer Erkrankten auch einige Todesfälle verzeichnen. Die Leute hatten oftmals ihre Hoffnung auf moderne westliche Medizin gesetzt, kamen aber dann in einem Stadion ihrer Erkrankung in Deutschland an, das eine Heilung nicht mehr erlaubte. Das Organisieren einer angemessenen Bestattung war stets eine heikle Angelegenheit, da nicht nur die kulturellen Besonderheiten zu beachten waren, sondern auch der Wunsch mancher, in Heimaterde bestattet zu werden, nicht erfüllt werden konnte, da dieses an finanziellen Hürden, zu hoher Überführungskosten oder an den Behörden des Heimatstaates scheiterte, die sich quer stellten. Für manche Familien war die

Erfahrung, dass eine schier unüberwindbare Bürokratie ihre Heimatländer so gut wie jeden Versuch scheitern ließ, hier eine Lösung zu finden, fast ebenso frustrierend wie der Verlust des Verstorbenen. Je korrupter ein Staat, desto mehr Gesetze und Vorschriften existieren dort.

Einen besonders krassen Fall erlebten wir mit einer jungen Frau aus Armenien, die mit ihrer 12-jährigen Tochter schon eine Odyssee durch Europa hinter sich hatte, in der Hoffnung auf Heilung von einer bösartigen Krebserkrankung. Zuletzt war sie mit einem Taxi von Kiew bis direkt zu uns gefahren worden und brachte Papiere verschiedener europäischer Kliniken, die aber alle im Wesentlichen eine fatale Aussage trafen, mit sich. Wie auch immer, wir brachten sie in der Uniklinik unter, und mussten uns zwischen den Behandlungsintervallen um die Tochter kümmern. Mit Hilfe von in der Stadt lebenden armenischen Mitmenschen gelang dieses halbwegs, aber als es der Mutter schlechter ging, verlangte diese nach geistlichem Trost durch eine orientalisch-orthodoxe Kirche, immerhin eine der ältesten christlichen Kirchen der Welt. Ich rief also nach vielem Suchen das in Deutschland residierende Oberhaupt dieser Gemeinschaft an und erklärte die Situation der todkranken Frau und ihrer kleinen Tochter. Da der Mann trotz seiner Zuständigkeit für Deutschland so gut wie kein Deutsch sprach oder eine andere westliche Sprache, versuchte ich es auf Russisch, das er merkbar absichtlich schlecht radebrecht. Sein Unwille, in irgendeiner Form seinem geistlichen Pflichten nachzukommen, war deutlich spürbar. Aber immer, wenn er einen Satz beendete, benutzte er wie zufällig in seinem Herumgestotter das Wort „Bsjertka“, auf Deutsch Schmiergeld. Ich teilte ihm schließlich etwas Unfreundliches bezüglich der Sexualgewohnheiten seiner Mutter mit und legte wütend auf. Als ich in einer anderen Stadt einen Geistlichen eben dieser Religionsgemeinschaft auftat, der erfreulicherweise deutsch sprach, hörte sich dieser meine Sermon verständnisvoll an, um nach einer halben Stunde Palaver mir unverblümt mitteilte, dass er für seine Bemühungen, der Frau die Tröstungen seiner Kirche anheim werden zu lassen, 250 Euro verlange. Plus Fahrgeld. Mir blieb echt die Spucke weg. Nachdem ich auch ihn mit ein paar Invektiven in verschiedenen Sprachen bedacht hatte, beschloss ich, dass ein evangelischer Pfarrer, dessen Dienste für uns stets hilfreich und auch kostenfrei waren, die beste Wahl für diese Angelegenheit sei, was sich auch als absolut richtig herausstellte. Ich bin gewiss nicht wundergläubig, aber der Zustand der Frau verbesserte sich überraschend und nicht medizinisch erklärbar und nach ein paar Monaten konnte sie uns mit ihrer Tochter verlassen, um eine eigene Wohnung in einer deutschen Stadt zu beziehen. Sie lebt bis heute dort. Ich hoffe, dass wenn die genannten Geistlichen ihrem Schöpfer begegnen, der dessen Gunst ihnen gegenüber ebenfalls von ein paar finanziellen Gefälligkeiten abhängig macht, und das letzte Hemd hat ja bekanntlich keine Taschen.

Schrödingers Baby

Zu den schönsten Pflichten meiner Dienstzeit gehörte es, ein neues Menschenkind auf diesem Planeten begrüßen zu dürfen. Die Damen im Frauenhaus, vorwiegend westafrikanischer Herkunft, kamen meiner Neigung dahin gehend gerne entgegen, indem sie fröhlich ein neues Baby nach dem anderen zur Welt brachten. Und somit gab es ständig eine Gelegenheit, Mutter und Kind nach Kräften zu verwöhnen. Das Leben in der Frauen-WG lief weitgehend harmonisch ab, was man leider nicht über das Zusammensein unserer beiden Sozialarbeiterinnen sagen konnte. Nachdem immer mehr, zum Teil sehr hochwertige Spenden für das Frauenhaus eintrafen, verwandelte sich das Büro der beiden und das zur Verfügung gestellte Lager in kürzester Zeit in ein Chaos, als habe ein unter Drogen stehender „Art Attack" Künstler an einem Riesenprojekt gearbeitet.

Während die eine nach wie vor schmollend an ihrem Schreibtisch saß und Papiermüll produzierte, versuchte die andere sich zu Tode zu rauchen. Also kümmerten sich unsere Betreuerinnen um das Ganze und fortan war das sogenannte Babylager ein Ort nicht enden wollender spitzer Schreie und begeisterndem Gegluckse, wann immer dort Sachen sortiert werden mussten.

Da Knüllenbrink immer wieder nur sporadisch, nach der Nilpferd-Methode (auftauchen – Maul aufreißen – abtauchen) vorbeischaute, war Patrik, nachdem Knüllenbrink mit einer dicken Belobigung befördert worden war, nun endlich auch offiziell für die gesamte Flüchtlingsarbeit verantwortlich.

Das brachte durchweg positive Impulse mit sich, aber die Hauptarbeit wurde immer noch vor Ort getan. Ich wurde von der damals von mir vorgeschlagenen Betreuerin vertreten, die nicht nur einen guten Job machte, sondern auch eine entschiedene weibliche Komponente in die Testosteron- geschwängerte Luft der Martiner brachte. Leider wurde ihre Arbeit von Meier zum Hofe ständig klein geredet und verächtlich gemacht, ihr wurde sogar mit fristloser Kündigung gedroht, als sie einmal aus eigener Kasse anlässlich des Opferfestes allen Bewohnern und Mitarbeitern ein Eis spendierte. (Peinlicher Weise war Meier zum Hofe mit einer Eistüte in der Hand auf einem Pressefoto zu sehen, das er anlässlich dieses Festes knipsen ließ.) Aber egal, sie ließ sich gottlob von seiner Schäbigkeit nicht beirren.

Ehrenamtliche Arbeit wurde im Rahmen verschiedener Projekte bei uns geleistet, ich möchte hier besonders die Freiwilligen, die den Kindern und Bewohnern Sportstunden in der Turnhalle ermöglichten, Unterricht gaben oder gemeinsam kochten, hervorheben. Eine Gruppe widmete sich der Aufgabe, den Menschen den Umgang mit Fahrrädern zu vermitteln. Der riesige Exerzierplatz war dafür ideal. Manche hatten das Konzept, wenn man erst mal das Gleichgewicht gefunden hat, los zu strampeln schnell begriffen und nahmen rasant Fahrt auf. Aber auch der längste Exerzierplatz ist einmal zu Ende und nun hieß es, bremsen oder eine Kurve zu machen, um nicht im Gebüsch zu landen. Aber auf keinen Fall bremsen und gleichzeitig eine Kurve schlagen. Oder eine Kurve ohne zu bremsen. Oder das Gebüsch anschreien, es solle von dort verschwinden... Mordsgeschrei und Paul musste mit einem Sanitätsrucksack bewaffnet zur Unfallstelle rennen. Ich möchte ihm nicht ungerecht werden, aber er war, wie wir alle durch die gute Verpflegung ein wenig aus dem Leim gegangen. Als er rannte, sah es aus, als bewege er sich durch Treibsand vorwärts. Angekommen stellte er aber jedesmal nur Bagatellverletzungen fest, und die ebenfalls Bienchen fleißigen Freiwilligen der Fahrradwerkstatt bekamen neue Reparaturaufträge für die lädierten Zweiräder.

Ein anderes Projekt wurde von einer Gruppe Studierenden geführt und bestand darin, mit den Bewohnern gärtnerten. Sie legten Gemüsebeete in aus Europaletten gebauten Hochbeeten an und waren unermüdlich dabei, zu gießen, jäten und erklären, was dort wuchs und wofür es gut ist. Eigentlich war ja die Grundidee, gemeinsam mit den Bewohnern zu arbeiten, aber meistens krabbelten die Studierenden in den Beeten herum, während die Bewohner mit sichtlichem Vergnügen, aber ohne einen Finger zu rühren danebenstanden, um Ratschläge zu erteilen oder einfach nur zuzuschauen. Ich konnte die Leute nur allzu gut verstehen, denn was gibt es Schöneres, als jemandem beim Gärtnern zuzugucken und dann am Ende des Tages zu sagen: „Heute haben wir eine Menge im Garten geschafft, jetzt haben wir uns aber auch ein kühles Bier verdient."

Eine der Frauen, westafrikanischer Herkunft, hatte mit verschiedenen schweren Problemen zu kämpfen. Sie war bereits von einer alkoholabhängigen Mutter geboren worden und ebenfalls schwer alkoholabhängig. Als sie bei uns ankam, war sie im siebten Monat schwanger und trank stark. Sie war von Menschenhändlern nach Europa verschleppt und in Italien, später in den Niederlanden, zur Prostitution gezwungen worden. Als ihr Zustand keine verlässlichen Einnahmen für die Verbrecher versprach, wurde sie schlicht vor unserem Tor abgesetzt. Die von uns eingeschaltete Polizei reagierte wie leider so oft mit einer Anzeigenaufnahme und rührte danach keinen

Finger mehr in dieser Angelegenheit. Das Jugendamt (wir vermuteten sie war noch unter 18), machte um den Fall ebenfalls einen großen Bogen, obwohl wir medizinische Gutachten beibrachten und für das ungeborene Kind akute Gefahr bestand. Nachdem wir sie in einem örtlichen Krankenhaus untergebracht hatten, schaltete der dortige Sozialdienst ebenfalls das Jugendamt ein, da das ungeborene Kind bereits einen Herzfehler aufwies und die Mutter keinesfalls für ihr Baby später allein werde sorgen können. Daraufhin lud uns die Klinik zu dem Termin mit dem Vertreter des Jugendamtes ein, um das weitere Vorgehen zu besprechen. Der Klinikarzt insistierte auf eine Inobhutnahme wenigstens des Babys. Der Vertreter des Jugendamtes benahm sich, als versuche man ihm eine fremde und gefährliche Kreatur vom Planeten Zorg unterzuschieben, die, kaum auf der Welt, ihm das Gehirn aussaugen werden würde. (Was vermutlich selbst für eine solche Kreatur eine höchst unbefriedigende Mahlzeit gewesen wäre.) Er ignorierte, dementierte und verschanzte sich hinter Vorschriften, um ja zu verhindern, dass Mutter und Kind in irgendeiner Weise seinen Dienstalltag touchieren könnten. Die Tatsache, dass dem Kind durch den Alkoholismus der Mutter bereits ein erheblicher Schaden entstanden war, dass die Mutter ihrerseits höchstwahrscheinlich minderjährig war und dass sein ganzes Handeln jeglicher Mitmenschlichkeit Hohn sprach, focht ihn nicht an. Der Arzt geriet darüber immer mehr in Rage und war kurz davor handgreiflich zu werden. Die Sitzung endete damit, dass die Frau nach der Entbindung aus medizinischen Gründen von ihrem Kind, welches am Herzen operiert werden müsse, getrennt würde und das Jugendamt sich um eine Betreuung sorgen solle. Vierzehn Tage später war das Kind operiert und die Frau bei uns, wo sie sofort weiter trank. Unsere Anrufe beim Jugendamt wurden mit der Bemerkung, man arbeite an dem Fall, abgetan. Dann stand sie auf unerwartet, nachdem sie kurz weg war, mit Baby vor unserem Tor. Sofort nachdem wir beide aufgenommen hatten, versuchten wir die Klinik zu erreichen. Der Arzt teilte uns mit, das Jugendamt habe ihm gesagt, beide kämen in eine speziell für solche Fälle eingerichtete Einrichtung und die patzige Antwort des Mitarbeiters des Jugendamtes war lediglich, wir seien doch für allein reisende Schwangere zuständig. Ende der Durchsage. Es war wie mit Schrödingers Katze, solange das Jugendamt sich nicht um das Baby kümmerte, nahm man an, alles sei in Ordnung. Erst wenn man nach ihm schaute war klar, ob es in Ordnung wäre oder nicht, also beließ man es beim nicht kümmern, um den gedanklichen Zustand nicht zu verschlimmern. Das Kind benötigte starke Medikamente und eine besondere Ernährung. Nachdem Patrik einen ganzen Tag telefoniert hatte und bei hohen Stellen Druck ausgeübt hatte, wurde auf einmal vom Jugendamt verlautet, man habe eine Pflegefamilie für das Kind, die Papiere wären in Bearbeitung und in zwei Tagen fertig. Aber es war zu spät. Mittlerer weile hatte die Frau von ihren Zuhältern den Befehl bekommen, wieder an die Arbeit zu gehen. Sie verließ uns bei Nacht und Nebel, mit dem Baby, aber ohne Medikamente. Wir haben nie wieder etwas von beiden gehört. Nachdem wir diese dem Jugendamt gemeldet hatten, ließen man sich dort noch mal 24 Stunden Zeit, um beide zur Fahndung ausschreiben zu lassen. Falls es ein Zeichen von Professionalität ist, professionelle Distanz zu zeigen, war das Jugendamt an Professionalität kaum zu überbieten. Auffällig war ferner ein nicht zu übersehender Rassismus bei den Mitarbeitern, denn so viel Gleichgültigkeit gegenüber Menschen anderer Hautfarbe war kein Zufall.

Niemand entscheidet selbst über seine Herkunft oder Hautfarbe, aber jeder entscheidet frei, ein Arschloch zu sein oder nicht.

Störerzimmer

In einem Prozess lange nach Ende der Flüchtlingskrise wurden Mitarbeitern einer Flüchtlingsunterkunft die Misshandlung und Freiheitsberaubung der ihnen anvertrauten Menschen vorgeworfen und nachdem die Vorwürfe sich als berechtigt erwiesen hatten, rechtskräftig verurteilt. Im Kern ging es dabei um ein sogenanntes Problemzimmer, in welchem Flüchtlinge bei Verstößen gegen die Hausordnung eingesperrt und auch geschlagen wurden. So etwas ist unentschuldbar und es ist gut und richtig, dass die Verantwortlichen zur Rechenschaft gezogen wurden. Es wäre auch falsch, ein solches Handeln mit dem sicher vorhandenen Druck und der Ausnahmesituation rechtfertigen zu wollen. Auch das teilweise Versagen und der Unwille der Behörden und die

mitunter fehlende Bereitschaft der Polizei, tatkräftiger Unterstützung zu leisten, kann allenfalls eine Erklärung sein, warum Menschen hier Verbrechen begangen haben, aber nicht als Deckmantel für deren Verfehlung herhalten. Schließlich sind alle anderen in dem Bereich arbeitenden ohne solche Methoden zurechtgekommen.

Auch bei uns gab es einen Raum, den wir Störerzimmer nannten. Dort wurden Menschen, die akut eine Bedrohung für die anderen Bewohner darstellten, bis zum Eintreffen der Polizei untergebracht. Aber weder wurde dort jemand geschlagen noch gegen seinen Willen festgehalten. Wer gehen wollte konnte gehen, lediglich eine Sicherheitskraft überwachte den Flur, um Übergriffe seitens der Geschädigten zu verhindern. Außerdem konnten dort Menschen, die darum baten, wenn sie mit anderen Bewohnern Stress hatten, von den anderen getrennt die Nacht verbringen, bis sie in eine andere Unterkunft verlegt wurden. Und wer völlig betrunken ankam, konnte dort seinen Rausch medizinisch überwacht ausschlafen. In einem einzigen Fall habe ich von meinem Bürgerrecht, jemanden festzunehmen Gebrauch gemacht, als ein Mann auf frischer Tat ertappt wurde, wie er dabei war auf der Toilette einen 12-jährigen Jungen zu vergewaltigen. Die Polizei traf schnell ein, der Täter wurde festgenommen und für den Jungen besorgten wir einen Therapieplatz. Es bestand aber auch die akute Gefahr, da der Täter auf frischer Tat ertappt wurde, dass dieser ansonsten in einem Akt der Lynchjustiz in der Müllpresse gelandet wäre.

Wir wurden ganz unzeremoniell geschlossen. Es kamen immer weniger Flüchtlinge und zuletzt blieb uns nur noch, die Zeit bis zur Schließung abzuwarten. Das Inventar wurde verschrottet oder verkauft, vieles spendete ich ohne meine Vorgesetzten zu informieren an die Obdachlosenhilfe und ähnliche Organisationen. Meier zum Hofe und Knüllenbrink wurden für ihre hervorragenden Verdienste um die Flüchtlingsarbeit ausgezeichnet und befördert. Verdient hatten sie weiß Gott genug dabei. Trotz gegenteiliger Bekundungen wurde ansonsten kein einziger von denen, die fast zweieinhalb Jahre vor Ort tätig waren, in eine weitere Anstellung bei den Martinern übernommen, sogar ein Abschiedsfest wurde verboten. (Haben wir dann trotzdem privat gemacht.) Man ging auf Abstand zu uns, der politische Wind hatte sich längst gedreht und alles was mit Flüchtlingen war auf einmal ein Igitt… Ich ging wie ich kam, ohne mich nochmal umzudrehen. Wie Feldmarschall Blücher zu Wellington sagte, als die beiden sich nach der Schlacht von Waterloo umarmten. „Quelle Affaire, mon amie, quelle affaire."

Der Begriff Störerzimmer trifft in gewisser Weise die ganze Angelegenheit ziemlich genau. Stellen wir uns Deutschland als ein Haus vor. Im Wohnzimmer die Reichen, im Schlafzimmer die Rentner, in der Küche die Familienmütter und -väter, im Kinderzimmer die Kinder und im Keller die Armen. So grob verallgemeinernd dieses Bild auch sein mag, so fehlt doch ein Raum für all diejenigen, die neu ankommen und aus den unterschiedlichsten Motiven in das Haus wollen. Für sie bleibt nur das Störerzimmer.